루루의
유리구슬

제주아동문학협회 제37집

루루의 유리구슬

제주아동문학협회 엮음

한그루

아름다운 이야기와 함께 꿈을 키워 나가길

제주아동문학협회장 **고운진**

온 세상이 진초록으로 물든 계절입니다. 매미 소리가 이글거리는 태양 속으로 퍼져나가고 돌담 위 호박들이 몸집을 불리는 걸 보면 여름이 한복판을 지나고 있는 듯합니다.

이제 곧 여름방학이 다가오겠지요?

여름방학이 되면 가을을 꿈꾸며 마음을 살찌워야 하지 않을까요?

어린이 여러분! 그리고 성인 독자 여러분!

이 진초록의 계절에 제주 아동문학가들이 고운 꿈을 키워나갈 아름다운 이야기를 한데 모아 책으로 엮어냈습니다. 이제 제주아

동문학협회 37집《루루의 유리구슬》을 세상에 내보내며 다시 한 번 저희 회원들 꿈에도 날개를 달아봅니다. 감동으로 물든 초록 세상이 햇살처럼 퍼져가라고 말입니다.

이 연간집에는 감동을 주는 동시 51편과 동화 9편이 실려 있습니다. 하지만 이성으로 논리력을 기르는 얘기는 실려 있지 않습니다. 감성을 두드리고 마음을 울리는 60편의 아름다운 이야기가 이제 곧 여러분의 꿈차롱을 가득 채우리라 믿습니다. 힘든 생활 속에서도 희망을 잃지 않고 꿋꿋하게 꿈을 향해 달려가는 어린이들에게 더 가슴 두근거리는 감동을 안겨 주리라 생각합니다.

어린이 여러분! 그리고 아동문학을 사랑하는 성인 독자 여러분!

풍요로운 물질과 인공지능이 지배하는 사회에서도 힘들어하는 사람들이 많은 것은 무슨 연유일까요? 독서를 하지 않아 감성이 메마른 사회가 되었기 때문은 아닐까요? 그렇습니다. 부드러운 감성을 기르고 행복을 찾아가는 즐거움을 동시와 동화에서 그 정답을 찾아보면 어떨까요?

꿈과 희망을 주는 아름다운 이야기들로 더위를 이기시길 바라며 여름밤을 가족들과 함께 독서로 좋은 추억을 만들어 보시기 바랍니다.

모두 행복하십시오.

동시 차례

동화 차례

동시

김영기

김옥자

김정련

김정희

박희순

이소영

양순진

장승련

그물밥상 외 4편

김영기

- 제주시 광양 출생.
- 1984년 제1회 《아동문예》 신인문학상 동시 당선으로 등단.
- 《날개의 꿈》 외 5권의 동시집과 《소라의 집》 등의 3권의
  동시조집이 있음.
- 2006년 제10회 《나래시조》 신인상 당선 후 《갈무리하
  는 하루》, 《내 안의 가정법》 등 시조집을 펴냄.
- 제30회 한국동시 문학상, 제9회 제주문학상을 받음.
- 2009 개정교과서 국어 4학년 1학기에 〈이상 없음〉 동시
  가 실림.
- 제주아동문학협회 회장, 제주시조시인협회 회장 역임.

그물 밥상

아빠가 앞바다에
쳐놓은 그물은
우리 식구 밥상입니다.
태풍이 몰려와
망가뜨려 놓아도
아빠는 그물 놓기를
그만두지 않습니다.

거미가 앞마당에
쳐놓은 거미줄은
거미 식구 밥상입니다.
비바람이 몰아쳐
헐뜯어 놓아도
거미는 그물치기를
그치지 않습니다.

그물은
밥상이
되어주기 때문입니다.

과일을 먹는 꽃밭

우리 집 꽃밭은
과일 향기
~흠흠.

우리가 먹고 버린
귤 껍질
사과 껍질
갖가지 과일 껍질을
꽃밭이 먹어요.

그것 말고도
우리랑 똑같이
키위랑 바나나 껍질도
고맙대요.

이른 봄부터
귤빛 노란 꽃
사과 빛 빨간 꽃
가지각색 과일빛깔을 만들기에
열심인 꽃밭.

큰 나무 그늘

청솔 큰 나무 그늘에 앉으면
할아버지 품에 안긴 것 같습니다
할아버지가 머리를 쓰다듬듯
솔바람이 솔솔 머리칼을 넘겨줍니다.

태풍이 몰아쳐도 끄떡없고
눈 내리면 눈꽃을 피우는 나무가
아흔 나이에 군가를 부르는 우리 할아버지

6·25 사변 때 나라를 지키시다
다친 팔 다리지만
무궁화 문양에 빛나는
무공수훈 훈장처럼 아름다운
전쟁 영웅 우리 할아버지!

큰 나무를 볼 때마다 나라 위해 젊음을 바친
할아버지의 고지전이 주마등처럼 지나는 듯하여
솔 씨에도 담겨있을
나라사랑의 크고 높은 뜻을
제 가슴에 오롯이 심어보는
큰 나무 그늘입니다.

방울이

'금방울'
할머니 이름이 방울이라니
첨엔 참 우스웠죠.

할머니도
어렸을 적엔
조고만 방울처럼 귀여워서

목소리조차 방울방울
방울새처럼 고와서
그랬다는데
지금은 안 어울려요.

어느 날
할머니 아파서 입원한 날
방울꽃처럼 조고만
할머니 보았어요.

또다시
금방울이 되려는지
이름처럼
점점 작아져가는
우리 할머니를······.

이상 없음

"벌레 먹어
숭숭 뚫렸어요.
내다 버려요."

텃밭에서 캐어 온
배추를 보며
먹을 수 없다고 내가 말했죠.

"벌레가
먼저 먹어보고
'이상 없음'을
알려주는 것이란다."

농약을
치지 않아
무공해 식품이라며
아빠와 나는 쌈을 하지요.

'아삭아삭!'

닮은꼴 외 4편

—

김익수

- 2010년 계간 《대한문학》 수필 등단.
- 2012년 계간 《대한문학》 시 등단.
- 2016년 계간 《아동문예》 동시 신인 등단.
- 제주신보 '해연풍' 필진.
- 제주불교신문 비상임 논설위원.
- 대한문학작가회, 제주문인협회 회원.
- 들메문학회 회장.
- 2014년 시집 《섬빛오름》 발간.
- 제주시 정책자문단장.

닮은꼴

너 급했구나

지난해
누군가 처마 밑에 지은 집에 들어선
제비가 알 낳는 것을 보았지요

나도 급했어

오늘 아침
선생님이 낸 문제를 안 풀고 와
친구 숙제 공책을 몰래 베꼈거든

우린
무임승차했네.

신발도장

뽀드득 뽀드득
눈 위를 걷는다

그 소릴

또렷하게
반듯하게
찍어 놓고는

참
멋있다
누가 그린 그림일까

아름다운 무늬가
하얀 눈 위에 수놓은
신발도장

입가에 미소가 번지며
뽀얗게 열릴 미래에
디자이너 꿈꾸는 아이.

올레담

눈길 위를
고물 손수레를 끌고
고샅 언덕배기를 오르는 할아버지
끙끙끙
추위에 떠는 강아지처럼
앓은 소릴 내더니

거기엔
우린 나란히 벽을 쌓고 꼼작 않고 서 있었지

고맙기도 해라
잠시 빌려 써도 괜찮겠니?
두 덩이를 집어 들어
수레바퀴에 받쳤어

우리도 뭔가 뜻 있는 일 한 번은
해봐야 하지 않겠어?
비록 참는 데는 힘들었지만

기분 좋았거든
정말로.

너그러움

먹을 것
눈앞에 두고
소싯적 밥상머리를 떠올렸을까

둘째, 셋째가 사내라
갖고 놀던 장난감 놓고
티격태격하다가

"밥 먹어야지"라는
할아버지 한마디에

"맛있게 잘 먹겠습니다"라고
단숨에 대답하는 두 손자
힘찬 소리에

미소 한 다발 번지는
우리 집 밥상.

개구쟁이 눈

소리 없이 내리는 아침 함박눈
앞마당에 나가

도화지 위를 연필로 스케치하듯
눈 위를 검지로 하트를 그려놓고는

뒤돌아서면 지워 버리고
다시 그려 놓으면
또 지워 버리는 함박눈

그래도

개구쟁이
널 사랑해.

가파도
청보리밭 외 4편

—

김 옥 자

- 2012년 나라사랑 문예공모 일반부 시 대상.
- 2013년 7월 《아동문예》 문학상 동시조 부문 당선.

가파도 청보리밭

보리밭이
파도타기
응원하고 있어요.

"다 같이 굽혀!"
"다 같이 일어나!"

하늘엔
종달새들이
호르라기 불어요.

입김을 뿜는 봄

새싹을 올리기에
얼마나 힘들었으면

아지랑이 모락모락
입김을 뿜어댈까!

밭가는
우리 집 황소
콧김 '푸푸' 하듯이.

자귀나무

공원의 자귀나무
분홍 꽃이 예쁘다.

해 뜨면 꽃 피우고
해 지면 오므리며

시간을 알려주는 꽃,
밥시간을 알린다.

민속 박물관에서

옛날 옛적 어른들은
어떻게 살았을까?

맷돌과 도리깨,
밭을 가는 쟁기 보니

힘들게
일을 했구나
그래서 큰 밥그릇.

꿀단지 동백꽃

벌 나비
없는 겨울
꿀 차지는 동박새

노란 가루
목욕하고
공짜 꿀을 받는다.

배고픈 동박새들의
꿀단지 된
동백꽃.

개나리꽃 외 4편

—

김정련

- 《아동문예》 문학상 수상.
- (사) 한국 편지가족 제주지회 고문.
- 아라신문 마을기자.
- 제민일보 도민기자.

개나리꽃

길가에 샛노랗게
피어있는 개나리꽃

발걸음 멈추고
가만히 들여다보니

조그만
개나리꽃들
커다란
바나나 껍질 같아.

꼴깍,
군침이 돈다.

가을

커다란 나무 아래
긴 나무의자에
할아버지 혼자
앉아 있으면

무릎 위에
어깨 위에
모자 위에 올라타며

나뭇잎들이
아기처럼
재롱부린다.

별

으이구,
청개구리 같으니.

어두워지면
눈을 떠
여기저기 기웃거리고

밝아지면
스르르 눈을 감고
잠이 드누나.

홍시

할머니가 보내온
딱딱한 감 한 상자

커다란 사과 몇 개
같이 놓라 넣어줬더니

온몸에 힘을 다해
신나게 놀았나 봐.

며칠 지나 살펴보니
모두들 물렁물렁

뽀뽀하듯 입술을
쪽하고 갖다 대니

달달한 과즙들이
호로록 넘어온다.

특별휴가

주차장에
줄줄이 누운 자동차

함박눈
가득 내린 날

꼭 맞는 솜이불이
살포시 덮였다.

날이 밝아도
이불 뒤집어쓰고
쿨쿨 잠만 잔다.

그래,
편안히 쉬렴.

이런 날은
특별휴가야.

별나라 외 4편

—

김정희

- 2008년 《아동문예》 문학상 수상.
- 2012년 동시집 《오줌폭탄》.
- 2014년 《시인정신》 문학상 수상.
- 2017년 《할망네 우영팟듸 자파리》 세종도서 문학나눔
  도서 선정.
- 김정희 문학놀이아트센터 / 한라산문학 동인.

별나라

탐라는
별나라

별나라에
별들이 살아

별나라에선
별들이 별뗏목을 타고
별 마을을 돌아다니지.

기름도 필요없지
전기도 필요없지
노를 젓기만 하면 돼.

백발 노인은 별동네를 눈 감고도 다니지.

별

별을 보려면
어두워야 해
눈이 좋아야 해
구름이 없어야 해

천장이 열리면
하늘의 별을 볼 수 있어.

너의 별을
마음에 담아 봐.

별을
봐도
봐도
또 보고 싶어.

비의 소리

비 오는 날
숲에 서면

비 스치는 소리
바람이 스치는 소리.

봄의 잎들이
비를 껴안아

바람이 잎을 떨구는 소리
빗방울이 잎에 떨어지는 소리
톡톡톡

세상이 하나 되는 소리
욕심을 버리는 소리
내려놓는 소리
샤샤샤.

원담

퍼뜩하고 보네
백로가 멀리서 보네
멜이 원담에 오네
낮에는 희번덕 눈이 있어
물을 치고 잡아야지.

옛날에
원담에 거북이 앉아서 울고 있더래
달래어 대접하고
물 밀려와 보냈더니
원담에
멜* 가득 담아주고 떠났더래.

*멜: '멸치'의 제주어

봄방귀

아침에
뽕~
방귀가 나왔다.

봄나물 먹고 나온 방귀.

가리비 등에
새겨진 글자 외 5편
—

박희순

- 1997년 《아동문예》 문학상 동시 당선 〈연〉(연작시).
- 2010년 눈높이아동문학대상 수상.
- 2010년대를 열어갈 젊은 작가들에 선정.
- 동시집 《바다가 튕겨낸 해님》.

가리비 등에 새겨진 글자

가리비 등은 바닷속 칠판
소라는 글을 쓰고 말미잘은 그림 그리고
문어는 가끔 먹을 갈아 붓글씨를 쓰지.

바닷속 글자들은 이상도 하지.
ㄱㄴㄷㄹ도 아니고
아야어여도 아니고

하얀 구름글자는 물새를 닮았고
파란 바다글자는 파도를 닮았고.

바다만이 해석할 수 있겠지.
바다나라 글자니까.

걱정된다, 어쩌지

우리 학교 운동장에 100살 난 플라타너스
잎이 너무 크다고 미움받더니

어느 날 아침
싹둑싹둑
가지가 잘렸네.

어

쩌

지

나뭇가지 없으면
새들이 앉을 자리 없어
하늘만 정처 없이
떠돌아다닐 건데
다리 아픈 새들이 땅으로
툭툭 떨어지면

어쩌지

나뭇잎과 놀려고 오던 바람이
걸터앉을 의자가 없다고
투덜거리며 가버릴 건데
바람과 손 잡고 오던 귤꽃 향기도
팽, 돌아서 가버릴 건데
어쩌지.

그림책 속으로 풍덩

툭, 건드리면
애벌레들이 배시시 일어날 것 같은.

책장을 걷으면, 팔랑
그림 속 나비가 튀어나올 것 같은.

한 장을 더 넘기면 새들이, 푸드득
날아올라
새 소리로 가득 찰 것 같은.

신기한 그림책 속으로
링고와 잉사 그리고 마루가 달려갑니다.
아이들이 뒤따라 풍덩풍덩 빠집니다.

웃기는 가위 바위 보

가위 바위 보
져 주는 사람이 이기기

가위 바위 보
같은 거 내면 이기기

가위 바위 보
퉁퉁 볼 바위, 하품 보, 꼬집기 가위
얼굴로만 하기.

진 사람 없는 가위바위보
웃기다, 이것도 가위바위보.

미세먼지 나쁨

엄마의 다급한 목소리를
손전화가 전했다.

미세먼지 나쁨이야.
밖에 나가면 안 된다.

흠!

개미에게 문자 보내야겠군.
참새에게도 마스크 씌워야겠군.

무밭

무밭에
무가 없어요.

무 키우던 할아버지 눈물만큼
하얀 무꽃이 무더기로 피어나

하얗게 하얗게 울고 있었어요.

진구 신발 새로 사 주마
일요일엔 짜장면도 사 주마

못 지킨 약속만
할아버지 마음속에

버려진 무만큼 쌓이고 있었어요.

뿔눈 병아리 외 4편

양순진

- 시집 《자작나무 카페》, 《노란 환상통》.
- 동시집 《향나무 아파트》.
- 학교, 도서관 독서논술 강사.
- 제주아동문학협회, 제주작가회의, 제주펜클럽, 한라산시
  문학회, 제주도서관 새암독서회 회원.
- 한국해양아동문화연구소 제주권 회장, 대정현문학회 사
  무국장.
- '양순진 독서논술' 운영.

뿔눈 병아리

그거 아니?

뿔눈 병아리는 아빠가
아가를 업어서
키운다는 사실

우리 아빠도 나를
업어줬을까

그런 것 같아

내가 아빠 등 냄새
좋아하는 걸 보면

우리 아빠는
뿔눈 병아리 아빠.

학교가 좋아졌어요

올 봄에 새로 오신
교장 선생님
만나면 언제나
웃음꽃 가득해요.

손만 대면 학교는
빨주노초파남보
무지개 옷 입고
푸른 책상 노란 의자
펼쳐지는 상상의 나라.

검은 옷 대신
분홍 날개옷 입고
우리 마음 밭 구석 구석
꽃씨 뿌리는
타샤 선생님.

휘익 휘파람 불면
학교가 반짝반짝
손바닥 펼치면
우리 마음 쑥쑥.

꽃처럼 별처럼
반짝여야지
푸른 꿈 먹고
바다처럼 되어야지
속삭여주시는
큰 마음 선생님.

학교가 좋아졌어요
선생님이 좋아졌어요
친구가 좋아졌어요.

배두리 오름*

가만히 가만히 귀 기울여 보세요
달과 별이 내려와
소곤대는 소리.

가만히 가만히 귀 기울여 보세요
키 큰 소나무에서 벗어나
땅 위로 눕는 솔방울 소리.

가만히 가만히 귀 기울여 보세요
능수벚꽃이 운행하는
증기기관차 기지개 소리.

가만히 귀 기울여 보세요
동박새 날갯짓에 똑똑 떨어지는
붉은 동백꽃 아쉬움 소리.

*지금의 삼무공원

오늘은 참새와 비둘기가
이 오름의 주인인가 봐요
짹짹짹짹 구구구구
별과 달 안아줘요.

악수

푸르른 금강산 그림 앞에서
남과 북 두 손 잡은 날

힘이 세다고
돈이 많다고
힘자랑 돈자랑 하던 시간은
바람에 날려버리고

온 국민이 바라보는
판문점 정상에서
두 대표님은
찡그린 얼굴 대신 웃음꽃 피웠다.

아득히 멀어 보이기만 하던 평화
안개에 가려 보이지 않던 통일이
바로 눈앞에 펼쳐 있는 듯

꽉 맞잡은 두 손
가까이 가까이 맞댄 두 가슴
바로 피를 나눈 형제임을
인정하는 선언처럼

누가 먼저랄 것도 없이
녹슨 철조망 허물고
임진강 건너 금강산으로
두만강 건너 한라산으로 안길
그날을

우리에게 선물하실 거죠?

하멜의 바다

물결 따라
이리저리 헤매다
닿은 곳

대포도 중문도
모슬포도 사계도 아닌
신도2리 해안

한라산과 녹남봉
눈앞에 훤히 보이는
도구리알에서
배는 멈추었다.

낯선 바위와 모래밭
유채꽃 노을에 물들 때
꽃게와 꽃소라

네덜란드에 안겨도
그 모습 잊지 못해
고스란히 판화에 새긴
신도그리 바다 풍경

아직도 푸르게 살아
넘실거리는
내 마음속 바다

새처럼 날아들고
꽃처럼 피어난다.

눈보라 친구 외 4편

이명혜

- 1999년 《아동문학연구》 문학상 당선.
- 2018년 한국아동문학회 아동문학창작상 수상.
- 동시집 《햇살이 놀러온 마루》, 《이사 온 수선화》.
- 시집 《꽃으로는 짧은》.

눈보라 친구

왜 그렇게
내 몸속으로 파고드는지
이제 알았어요.

눈보라도
겨울이 춥기 때문이랍니다.

조금 참고 꼬옥 안아주면···

잠시 후
내 친구가 되어주지요.

야단 맞은 후
- 엄마 친구집에서

지루해서 빨리 집에 가자고 졸랐더니
엄마가 나를 밖으로 데리고 가서
한참이나 혼내셨다.
엄마는 설명이라고 하셨지만····.

엄마 친구가 나와서 들어가자 하니까
엄마는 도로 들어가시면서
나보고도 얼른 들어오라고 한다.
엄마 친구들도 덩달아
어서 들어오라고 한다.

그런데, 그런데 난
성큼 아무 일도 아닌 것처럼
들어갈 수가 없다.
다들 나만 보고 있을 텐데
어떤 표정을 하고 들어갈지 쑥스럽기 때문이다.

이럴 때, 엄마가 나와서
다시 한 번만 들어가자고 해주면 참 좋겠다.
아니, 나를 데리고 들어가주면 좋겠다.
그러면 쓰욱 들어가서
아무 일도 아닌 것처럼 지내고 싶다.

아침에 뜬 달

아침, 기지개 켜다가
아직도 둥그렇게 떠있는
달을 보았다.

오잉!
저쪽이 동쪽이었나?
저게 해였나?

분명 지금은 아침인데
왜 달이 아직도 떠있는 거지?

큰일 났다!
저 달은

집에 가면
놀다 늦게 들어왔다고
엄마한테 엄청 혼나겠는걸.

짱아와 짱구 1

짱아와 짱구는
강아지입니다.

짱아는 태어난 지 오개월
짱구는 이제 이개월
그래서 크기도 달리기도 다릅니다.

차근차근 우리 집으로
살러 왔을 때부터 울지도 않고 잘 지냅니다.
가끔씩 둘이 투닥거리면서

그런데 어제는 열다섯 살 어른 강아지에게
대들다가 아주 혼이 났습니다.

그래서 다시는 대들지 않습니다.

오늘 아침엔 보기만 해도
얼른 다른 곳에 자리를 잡습니다.
눈도 당연히 피하면서요.

아마 이렇게 하며
하나씩 성장해가는 것인가 봅니다.

따뜻한 봄햇살 받으며 씩씩하게 잘 자라
이번 가을엔 믿음직한
어른 강아지가 되었으면 좋겠습니다.

새소리

호로로로~~~록
아침이다!
조심스럽게 시작한 새소리

잠시 후
짹 짹 짹
나도 일어났다!
조금 멀리서 대답하는 소리

그러자
포로롱 찌링찌링 호르르 찍찍
와! 오늘도 즐거운 하루
여기저기서 저마다 인사한다.

저렇게 예쁜 목소리로
어제 다투다 헤어진
친구에게 사과하면
그 친구도 예쁘게 대답해주겠지.

바람의 말 _{외 4편}

—

이소영

- 1987년 《교육자료》 시 천료.
- 1988년 《아동문예》 문학상 동시 당선.
- 1993년 《제주시조》 백일장 수상, 1993년 한국시
   당선.
- 동시집 《추억이 사는 연못》.
- 시집 《어느 기우뚱대던 날의 삽화》, 《소금꽃》.

바람의 말

제주어는
둥근 바람 소리를 가졌다.

바다 건너 온 세찬 바람에
깎이고, 궁굴리고, 둥글어져서
하르방, 할망, 아방, 어멍
폭낭* 그늘 아래
이웃사촌 모여 앉아 건네는
바람에 밀려 빨리 가느라
짧아진 말
바람 소리보다 더 세게 내느라
높아진 소리
돌담 지나 올레 끝에서도
옵데강? 감수광?*

동그라미들 모여
돌돌돌 바퀴를 달고
온 동네 그 말들 풀어놓는다.

*폭낭: 팽나무
*옵데강? 감수광?: 오셨어요? 가십니까?

삼일절 아침

아파트 창마다
태극기 꽃 피었다.

해마다
빈 벽이 쓸쓸하더니
관리실에서 나눠 준 태극기
사람들 마음을 깨웠을까?

만세, 만세!
유관순 언니 외침 따라
가슴 속 몰래 감췄다
물결처럼 꺼내 든 아우네 장터

그 날의 외침
깃발 되어 일렁일렁
벽마다 일어선다.

양파의 꿈

검은 봉지 속 꽁꽁 싸매 둔 생각
아무도 몰래
조금씩 풀어놓았나보다.

쪼글쪼글 잔주름 가득
푸석푸석 야윈 얼굴로
초록색 환하게 피워 올렸다.

안으로만 새겨 둔 꿈을 위해
초록 물감 만드느라 힘이 든 게지.

온 힘으로 밀어 올리느라
할머니 얼굴로 야위어간 게지.

행복한 그루터기

커다란 그루터기에
나뭇잎 한둘 내려앉았습니다.

큰 줄기는 가구로
잔가지는 땔감으로
나뭇잎들은 떨어져 썩어
거름이 되었답니다.

더는 새들 집 지을 곳도 없고
시원한 나무 그늘도 될 순 없지만
햇볕에 보송보송 말려
낮은 의자가 되었습니다.

그래도 그루터기는
줄 수 있는 게 있어 행복합니다.

누군가에겐

세계지도를 보다가
찾아본 내 자리
먼지처럼 작아서
이 지구 안에
나 하나 없다 해도
티 하나 안 난다.

내가 없으면
우리 아빠는
세상이 러엉 빌 것 같단다.
우리 엄마는
온 세상이 깜깜해질 거란다.

티 안 나는 작은 것 하나도
누군가에겐
세상과 바꿀 수 없는
소중한 것이란 걸 알겠다.

호로록 외 4편

—

장승련

- 1988년 《아동문예》 동시작품상 당선으로 등단.
- 2018년 국정교과서 초등 국어 4-1에 시 '어느 새'가 등재됨.
- 저서 《민들레 피는 길은》, 《우산 속 둘이서》, 《바람의 맛》.
- 한정동 아동문학상, 한국불교아동문학상, 한국아동문학상
  수상.
- 전) 제주아동문학협회 회장.

호로록

엄마가
주방에서
우리 가족들을 떠올리며
만드는 저녁 밥상

이 식재료를
넣을까, 말까?
이 맛은 어떨까?
요리에 멋을 내고
맛을 깃들인다.

호로록
엄마가 맛을 보며
생각에 잠기는 순간
사랑 하나가
맛을 물들인다.

봄, 새 잎도

벗꽃이
화사하게 필 때는
와아 예쁘다
사진도 찍고
웃는 얼굴로
쳐다보더니

꽃이 진 자리에
열매가 열리고 열려도
쳐다보지 않네.
왜 그럴까
검은 눈망울로
버찌는 또록또록.

쓱싹쓱싹

이른 아침
집 앞 골목길을
빗자루 들고
쓸어간다.

쓱싹쓱싹
이 소리는
지구의 한 귀퉁이를
맑게 가꾸는 소리

빗자루를 든
사람의 어깨 위로
햇살의 맑은 얼굴이
빛나는 소리.

딱딱딱딱

딱따구리는
날카로운 부리만 있으면
돼.

맛있는 먹이를
구할 때도
딱딱딱딱

멋진 짝을
만나고 싶을 때도
딱딱딱딱

나에게
꼭 필요한 건
뭐지?

푸릇푸릇

윙~윙~
겨울 바람이
불 때는

땅도
나무도
맨살로 부르르 떨더니

환한
봄 햇살이
대지에 찾아들자

온 들판이
온 나무가
푸릇푸릇 나풀거린다.

풀 풀 풀
푸릇푸릇
생명이 팔딱이는 소리.

동화

강순복

고운진

김 란

김 섬

김정배

김정숙

김정애

박재형

장수명

식겟날

—
강 순 복

- 1993년 《제주문학》 신인상 당선.
- 1994년 《문예사조》 동화 당선.
- 2008년 〈할아버지 전쟁 이야기〉 문화예술진흥원 우수
  작 선정.
- 동화집 《키 크는 요술안경》, 《종이 피아노》, 《네 발로 걷
  는 아이》, 《금빛 아프리카》, 《바보선장》 등.
- 제3회 서귀포 문학상 수상.

식겟날 (제삿날)

출연

차돌어멍, 차돌아방, 차돌이, 낚시꾼, 친척 아주망, 괸당아이

(햇살 좋은 봄날, 차돌이 할으방 제사 준비로 부산하다.)

어멍   (무대에서 안을 향해 소리치며)
양! 차돌이 아방게. 헌저 나갑서게. 해가 충천이우다게.
(차돌이 아버지! 빨리 가세요. 해가 중천에 떴단 말이에요.)

아방   (무대 밖으로 나오면서)
그 무사 경 초참서? 외울리지 마라. 지녁은 늦어가난 목소리만 커졈 싱고라 호렝이 잡아먹어서? 작작 외여. 나감시난.

(왜 그렇게 재촉하는가? 큰소리 내지 말아요. 당신은 늙어 가니까 목소리만 커지나? 호랑이 잡아먹었어? 소리 그만 질러요. 나가니까.)

어멍   경 몽케당 보름사 불디게, 바당 본본헐 때 강 겡꺼리라도 낚앙 옵서게. 아멩 해도 저디 신걸론 족음직 허우다게. 무사 경 몽켐수과?

(그렇게 꾸물대다가 바람이라도 불까 봐서요. 바다가 잔잔할 때 가서 제사에 쓸 국거리라도 낚아 오세요. 아무리 생각해도 저기 있는 걸로는 적을 듯해요. 왜 그리 꾸물대세요?)

아방   아, 조들지 마라. 겡거리사 경허므로 못 낚으카부덴? 경 다울리지 안 해도 낚앙 올 거난 저사름 헐 일이나 허여.

(아, 걱정 말아. 국거리야 그래도 못 낚아 올까? 그렇게 재촉하지 않아도 낚아 올 거니까 당신은 당신 할 일이나 해요.)

(바닷가에 앉아 낚싯대 드리움.)

낚시꾼   (옆에 와 앉으면서) 일칙 옵디강?

(일찍 오셨어요?)

아방   홀썰 일칙 와쩌마는 무신 숭시산디 괴기가 안 물엄쩌. 우리 집 사름신디 겡꺼리 낚앙 오켄 큰 소린 청 와신디.

(좀 일찍 왔지만 무슨 까닭인지 고기가 안 잡히네. 우리 집 사람에게 국거리 낚아 온다고 큰 소리 치고 왔는데.)

(낚시질로 한참을 말없이 앉아 있다. 연출이 되면

해녀들의 숨비 소리 들린다. 출연진이 많으면 여기
서 해녀 복장의 아이들이 숨비 소리 내며 지나가
도 좋음. 이여도 사나 같은 것)

동네 주민   게난 겡거리 낚으레 마씀? 할으방 식게 돌아 왐꾸
나 양.

(그러니까 국거리 낚으려요? 할아버지 제사 돌아오는군요.)

아방   식게가 오늘이주게. 겡거리 미리 셍이 낚아다 놔신
디, 족덴 우리집 사름이 외울르난 에이, 존 소리도
듣지 실펀 와 부러서. 아이고, 낚싯대 오그라 드는
걸 보난 돔직헌 거 문셍이여.

(제사가 오늘이지. 국거리 미리 낚아다 놨는데 우리 아내가 적
다고 잔소리 하니까 에이, 잔소리 듣기 싫어서 왔지. 아이고,
낚싯대 구부러지는 걸 보니 큼직한 게 걸린 모양이여.)

(무대 바뀌고 다시 차돌이네 집)

차돌이   어멍! 고루 골레 안 갈 꺼우과?

(어머니! 가루 빻으러 안 갈 겁니까?)

어멍   무사 안 가느니? 기겟방에 강 고루 고랑 오크메 저
고사리 솜는 솥 불 호끔 보라.

(왜 안 가겠니? 정미소에 가서 가루 빻아 올 거니까 저 고사리
삶는 솥에 불 좀 살펴라.)

차돌이   알ㅇ시메 확 강 옵서.

(알았으니까 빨리 다녀오세요.)

(어멍이 나가고 친척 아주망 등장)

아주망	성님! 나 와수다. 성님!
	(형님! 저 왔어요. 형님!)
차돌	(앞으로 쪼르르 나오며) 옵디강? 어멍은 양, 기겟 방에 고루 골레 가수다.
	(오셨어요? 어머니는요, 정미소에 가루 빻으러 갔어요.)
아주망	일칙 가시냐? 올 디 안 됩시냐?
	(일찍 가셨니? 올 때가 안 되었니?)
차돌	올디 되엄 수다. 고라가난 저디 왐싱게 마씀. 우리 어멍 양반은 아닌셍이우다. 한국 사름이우다 게.
	(오실 때 되었어요. 말해 가니까 저기 오시네요. 우리 어머니 양반은 아닌가 봅니다. 한국 사람인 게 분명해요.)
어멍	아시 완디야? 이거 받으라. (가루그릇 넘겨준다.)
	(동생 왔는가? 이거 받아라.)
아주망	전기 지지켄 허멍양. 놈삐 속은 어디 놔둡디강? 전 기 지지는 거 고립 안 날 건디 어떵해연 전기 지질 생각을 해수가?
	(빙떡 짓는다 하시면서 무는 어디에 뒀어요? 빙떡 짓는 거 일 이 늦어질 텐데 어쩌자고 빙떡을 만들 생각을 했나요?)
어멍	저 차돌이 아방이 전기만 안햄뎅 허난게. 놈삐는 언치냑 해쩌. 물 빠져사 허난.
	(저 차돌이 아버지가 빙떡만 안 할 거냐고 하니까. 무는 어젯 밤 준비해 두었지. 물이 빠져야 하니까.)
차돌	전기 떡 지지는 거 무사 어려움니까? 나라도 고치

허쿠다. 나신디 시킵서. 나가 허크메.

(빙떡 만드는 것이 왜 어렵습니까? 저라도 같이 할게요. 저에게 시키세요. 제가 할게요.)

어멍 무시거? 소나이가 전기 지지 크라? 야이 무신 두렁청 헌 소릴 햄시니? 느랑 저펜 더레 가라. 아이구게 저 엠더레 가라게. 이땅 적이나 끼우라.

(뭐라고? 사내가 빙떡 짓는다고? 너는 뭘 뜬금없는 소리를 하느냐? 너는 저 편으로 가렴. 아이고, 저 옆으로 가라고. 이따가 적이나 끼워라.)

(후라이팬에 빙떡 짓는 모양 연출. 이때 바다에서 돌아오는 아방)

(아방이 생선 한 마리 들고 들어오면서)

아방 아이고, 코시롱헌 냄새. 거 상 더레 올릴 거 저레 아사동 호나 주어봐.

(아이고, 고소한 냄새. 그거 상에 올릴 것 저쪽으로 덜어 놓고 하나 줘봐요.)

친척 옵디강. 요레 앉읍서. 상에 올릴 건 다 아사 부러시난 이거 드십서. (빙떡을 드림) 게난 겡꺼리 낚으레 갓젠 헨 게 마는 괴긴 낚읍디강?

(오셨어요? 여기 앉으세요. 제사상에 올릴 것은 따로 두었으니 이거 드세요. 그러니까 국거리 낚으러 가셨다던데 고기는 낚으셨어요?)

아방 거 촘, 똑 겡헐 꺼 베낀 못 낚아서. 돔 호나 낚으난

편편이라.

(거 참, 딱 국거리 할 거밖에 못 낚았지. 돔 하나 낚고 끝났지.)

어멍 무사? 바당도 이추룩 보라신디. 무사 괴기들은 언치낙 술 먹언 자노렌 일어 나지 안 헌 셍이우다. 지녁 달만.

(왜요? 바다가 이렇게 잔잔한데. 왜 고기들은 어젯밤 술 마시고 자느라 일어나지 않은 모양이군요. 당신 닮아서.)

아방 거 무사 나신더레 경 고람서? 나가 괴기 다울려서?

(그 왜 나에게 그렇게 말하는 거요? 내가 고기를 몰아 버려서?)

친척 뭬시께라. 성님네 막 조미지게 살암수다 양. 저 아주방 조미진 줄은 알아수다마는 성님이 더 햄싱게 마씀.

(어머나. 형님네 아주 재미있게 사네요. 저 아주버님 재미있는 줄은 알았지만 형님이 더하시네요.)

차돌 적 끼울꺼 줍서. 이추룩 끼우민 되는거꽈? (적을 끼우는 모양)

(적 끼울 것 주세요. 이렇게 끼우면 되는 겁니까?)

어멍 오게. 다섯 점씩 끼우민 된다이.

(그래. 다섯 점씩만 끼우면 된다.)

차돌 요건 상더레 올리곡. 요건 우리 먹을 꺼난 맛조케 해사키요. 마농 채 선거 호끔 뿌리면 더 맛조아양.

(쪽파를 뿌림)

(이건 제사상에 올리고, 이건 우리 먹을 거니까 맛있게 해야겠

다. 쪽파 채 썬 거 조금 뿌리면 더 맛있어요, 그렇죠?)

야방 야이 시방 무시거 햄시니? 거 무시거니? 식게 적에
누게가 마농 논뎅 해니? 식께 음식엔 마농 놓는거
아니여.

(애, 지금 뭐하니? 그거 뭐냐구? 제사할 음식에 누가 마늘을
넣는다고 했니? 제사 음식엔 마늘을 넣는 게 아니야.)

차돌 무사 마씀? 마농 호끔 노민 코시롱허게 맛 조은디
마씀.

(왜요? 마늘 조금 넣으면 고소하게 맛 좋은데요.)

야방 마농은 귀신 다울려 부는 거난 식계혈 음식엔 마
농 안 논는 거여.

(마늘은 귀신 쫓아내는 거라 제사 음식에는 마늘을 넣지 않는
거다.)

차돌 알아수다. 안 노쿠다.

(알았어요. 안 넣을게요.)

어멍 벌써 시간이 이추룩 가베시냐? 아시야 메 아써불
라.

(벌써 시간이 이렇게 갔니? 동생아, 밥 앉혀버려라.)

친척 곧지 안 해도 메 햄수다. 탕시도 무치곡 다 햄시난
걱정 맙서.

(말하지 않아도 밥 하고 있어요. 채소도 무치고 하니까 걱정
마세요.)

어멍 방에 강 상 싱거붑서. (아방이 안으로 사라짐)

(방에 가서 제사상 펴서 준비하세요.)

아이   어멍, 나도 식게 머그레 와수다.

(엄마! 저도 제사 먹으러 왔어요.)

친척   기여. 저디 강 노람시라.

(그래. 저기 가서 놀고 있어라.)

어멍   조라우민 저 옆드레 강 잠시민 일리마.

(잠 오면 저 옆으로 가서 자고 있으면 깨울게.)

아이   똑 일립서양.

(꼭 깨우세요.)

(잠시 후)

어멍   일어낭 식게 머그라. 야이 좀에 미쳐 부러싱고라 안 일어 남쩌게. 일어낭 식게 머그라.

(일어나서 제사 먹어라. 이 아이 잠에 빠져버렸나 보다. 안 일어나네. 일어나서 제사 먹어라.)

친척   내붑서. 가시 낭에 걸려져도 잘 때 아니꽈? 내붑서. 좀 버천 식게 먹지 못허쿠다. 갈 때 업엉 가사쿠다.

(놔두세요. 가시나무에 걸려도 잘 때 아닙니까? 놔두세요. 잠에 빠져서 제사 먹지 못하겠네요. 갈 때 업고 가야 하나 봅니다.)

(아이 업고 무대 밖으로 사라졌다가 다시 옆으로 등장)

아이   잉잉잉! 나 깨와 주켄 해돈 무사 안 깨와 줍디강? 나 안 깨와 부난 식게 못 먹어수게.

(잉잉잉! 저 깨워 준다고 해 놓고 안 깨워 주셨네요. 저 안 깨워 주니까 제사 못 먹었잖아요.)

|친척| 경 곤질 말라. 아맹 일롸도 좀 버처신고라 느가 안 깨나동 무신 말이고? 아맹 조바 톨르멍 흥그러도 느가 안 일어 나그네 누겔 탓햄시니? 저 앞이 신 사름들 신디 들어 보라 안 깨와시냐. (청중을 가리키며)

(그렇게 말하지 마라. 아무리 깨워도 잠에 빠져서 네가 안 깨어 놓고 무슨 말이니? 아무리 꼬집으며 흔들어도 네가 일어나지 않아 놓고 누구 탓하니? 저 앞에 있는 사람들에게 들어보렴. 안 깨웠는가?)

|아이| (청중을 향해) 양! 나 말 들어 봅서. 우리 어멍이 식게 때 되민 깨우켄 해돈 안 깨와수다게 나양, 할으방 식게 먹구징 해신디 못 먹언 눈 벨라 지쿠다.

(여보세요! 제 말 들어 보세요. 우리 엄마가 제사 때 되면 깨운다 해 놓고 안 깨웠어요. 저요, 할아버지 제사 먹고 싶었는데 못 먹어서 눈 뒤집혀요.)

|친척| 나가양 본 사름들 어시면 거짓말이렝 허쿠다게. 봅디게양! 안 봅디강? 나가 무사 야이 막 이추룩 흥글멍 일어나렌 해도 야이가 안 깨나난 업엉오지 안 해수광? 다들 봅디게 양.

(제가요, 보신 분들 없었다면 거짓말이라고 하겠지요. 봤지요? 안 보셨어요? 제가 왜 이 아이를 마구 이렇게 흔들며 일어나라고 해도 이 애가 깨지 않아서 집에 올때 업고 오지 않던가

요? 다들 보셨지요?)

보라. 다들 알암시네. 이녁이 안 일어나동 누게신
디 뭐렝 고람시니? 다신 식게 먹으레 뎅기지 말라.
(보아라. 다들 알고 있잖니? 자기가 일어나지 않고서 누구에
게 뭐라고 하느냐? 다신 제사 먹으러 다니지 마라.)

아이 촘말로 식겟날 먹는 탕시영 적은 맛도 좋은디 이 놈
이 좀 때문에 못 언어 먹어부난 나 눈 벨라 지쿠다!
(참말로 제삿날 먹는 채소와 적은 맛도 좋은데 이놈의 잠 때문
에 못 얻어 먹어서 저 눈 뒤집혀요!)

일동 사위가 처갓집강 하영 먹으민 가시어멍 눈 벨라 진
덴 말은 싯져마는 식게 못 먹엉 눈 벨라 진덴 말은
들어 본 적 엇쪄. 게난 정신 바짝 출려사 언어도 먹
는거우다게 아니꽝? (청중을 보며) 덕분에 우리
할으방 식게 잘 해 먹어수다. 다 왕들 고맙뎅 인사
헙서.
(사위가 처갓집에 가서 많이 먹으면 눈 뒤집힌다고 하는 말은
있다마는 제사 못 먹어서 눈 뒤집힌다는 말은 들어 본 적이 없
다. 그러니까 정신 바짝 차려야 얻어먹는 거지요. 아닙니까?
덕분에 우리 할아버지 제사 잘 해 먹었습니다. 다들 와 줘서 고
맙다고 인사하세요.)

(모두 무대 위로 나와 손 잡고 인사하고 퇴장)

천년송이 될 거야!

—

고운진

1994년 계간 《우리문학》에 〈경아와 장미〉, 1996년 《한국
아동문학연구》에 〈아빠와 손수건〉으로 신인문학상을 받
으며 등단하였다. 제주문인협회 감사, 부회장, 선거관리위
원장 등을 역임하였고 현재는 제주아동문학협회 회장으로
활동하면서 학교와 기관 단체 등에서 꿈과 진로체험, 제주
문화와 삶 등을 강의하는 프리랜서이다. 지은 책으로는 창
작동화집 《설이가 본 세상》, 《산타클로스를 기다리는 아
이》, 《꽃피는 지구식물원》, 《하늬바람이 찾은 행복》, 《도토
리묵》 등이 있다.

천년송이 될 거야!

늦가을 들판이 고요합니다. 멀리 흰 구름 한 조각만 외로이 흘러갈 뿐 햇살만이 온 들판을 차지했네요. 햇살이 들판을 보듬고 쑥부쟁이 잡초들 사이로 소녀 같은 웃음으로 반기는 들국화도 피어납니다. 늦게 핀 코스모스가 마지막 씨앗을 영글게 하려는 애처로운 모습은 봄에 새로운 꽃을 피우기 위한 몸부림이겠지요? 금불초와 쥐손이풀, 노루삼으로 채워졌던 들판이 어느새 쑥부쟁이와 들국화로 가득 채워지는 걸 보면 말입니다. 닭의장풀도 누런 잎새를 남기며 겨울을 준비하기 시작합니다. 곧 들판에 흰 눈이 내릴 테니까요.

어디선가 도란대는 소리에 갈바람이 부스스 눈을 뜹니다.

'어 어디서 한숨소리가 들리네? 아, 그러면 그렇지.'

한숨소리는 벼랑 끝에서 불평을 털어놓는 솔이라는 걸 바람이는 곧 알아챘습니다.

고개를 들어 높은 들판 끝자락으로 눈을 돌립니다. 벼랑 끝에선 엄마가 솔이네 형제들을 올망졸망 매달고 있는 모습이 가을 햇살에 애처롭게 보이네요. 이내 솔이네 형제들 투정이 시작됩니다.

"난 절대 엄마처럼 못생기고 구부정한 몸매는 갖지 않을 거야.
 절대로……"

허리는 비틀렸고 여기저기 생채기를 남긴 볼품없는 엄마 앞에서 소곤대는 소리가 끝도 없이 들려옵니다. '난, 들판으로 갈 거야. 아니 난 저 언덕 너머에 있는 강가에 떨어질 거야.' 형제들이 너도 나도 엄마 곁을 떠나고 싶어 하는데도 엄마는 빙긋이 눈웃음만 보낼 뿐입니다. 작은 소망을 담은 엄마의 속삼임이 햇살에 실려 멀리 퍼져나갑니다. '얘들아 어디서든 바람에도 흔들리지 않을 만큼 강한 나무가 되어야 한다!' 곧 흩어질 솔이네 형제들이 도란도란 얘기를 나누는 벼랑 끝에 햇살들은 부챗살처럼 곱게 퍼져 나갑니다.

볼품없는 엄마 몸에 붙어 늘 불평만 하던 솔이도 이제 먼 여행을 떠날 준비를 해야만 하겠지요? 형제들보다 불만이 많은 솔이가 다른 형제들보다도 큰 꿈을 가진 걸까요? 아니면 아직 어려 철이 없는 걸까요?

가만히 듣고 있던 바람도 엄마처럼 눈웃음을 보냅니다.

"그래 니들도 이제 안녕이겠지? 난 절대 여기서 엄마와 같이 자
 라지 않을 거라는 거 알지?"

모두가 떨어지는 건 바람이 하는 일이라고 말할 때도 우격다짐을 하며 떼를 쓰는 솔이입니다. 다른 형제들과는 생각이 달랐지요. 겨울바람과 솔잣새 힘을 빌리면 들판은 물론 먼 남쪽나라로 갈 수

도 있다는 생각이었습니다. 늘 햇빛 좋은 들판을 그리워하며 말입니다.

'왜 하필 우린 이런 벼랑에서 자란단 말인가?' 넓은 들판을 낀 벼랑에는 엄마보다 못생긴 나무가 없었습니다. 아니, 이 벼랑엔 나무들도 별로 없는 게 사실입니다. 모두 따뜻한 들판에서 햇살을 받으며 곧게 곧게 하늘을 보며 자라기 때문입니다. 저 들판에 옹기종기 모여 있는 나무들이 보이십니까? 갈참나무, 후박나무, 떡갈나무와 같은 참나무도 들판에서는 곧게 자라고 참꽃이나 구상나무도 잘 자라고 있지요? 금강송이나 외국에서 들여온 리기다소나무도 잘 나라는 들판을 놔두고 왜 하필 우린 벼랑 끝이란 말입니까?

솔이와 형제들 불평으로 가득 채워진 가을이 깊어가고 있습니다.

찬바람이 불기 시작합니다.

찬바람과 함께 솔방울들이 톡톡 벌어지기 시작하네요. 온 들판 잎새들이 다 자연으로 돌아간 어느 날 황갈색을 띤 솔이네 형제들이 갈바람에 몸을 실을 준비를 하고 있었습니다. 2년 동안 자라며 몸집을 키운 솔씨들이 새로운 세상에서 자랄 준비를 하고 있는 거겠지요? 솔이도 떠날 채비를 해야 했습니다.

"애들아 이젠 우린 곧 헤어져야 할 거야."

많은 형제들이 헤어짐을 안타까워했습니다. 엄마 곁에서 자라겠다는 큰솔이 누나와 달리 샛솔이 형은 바람이 저 들판으로라도 데려다 줬으면 좋겠다는 하소연을 했었지요. 큰솔이 누나와 같이 엄마 곁을 지키겠다는 형제들은 많지 않았고 엄마 곁에서 멀리 날아가고 싶다는 형제는 많았습니다. 솔이는 들판보다 먼 남쪽나라를 꿈꾸고 있었습니다.

"난 솔잣새에게 먹혀서 이곳에서 멀리 떠났으면 좋겠어!"

"그래, 넌 엄마 곁을 그렇게 떠나고 싶어?"

자꾸 엄마 곁을 떠나겠다는 솔이 말에 형제들은 큰 소리로 나무랍니다.

솔이가 이렇게 하소연을 하게 된 데에는 다 이유가 있었습니다. 이 벼랑 끝에서 죽을 힘을 다해 살아가는 엄마 고통을 알기 때문입니다. 그래서일까요? 엄마 몸은 온통 뒤틀리고 긁히고 구부정하게 휘어있어 엄마보다 못생긴 나무는 없었습니다. 백년도 넘은 엄마 몸은 아무 쓸모도 없어 보였으니까요. 저 멀리 들판엔 부챗살처럼 퍼진 반송이며 백송, 적송들이 모두 제 몸짓과 아름다움을 뽐내고 있는데도 엄마는 도통 몸을 가꿀 줄을 몰랐습니다.

"엄마 이제 좀 몸을 가꾸어 보세요 네? 저도 이제 곧 떨어지고 다른 세상으로 갈 텐데 그때까지만이라도 부끄럽지 않게 좀 가꾸면 안 돼요?"

솔이가 투정을 부릴 때마다 엄마는 주름진 얼굴에 엷은 미소를 띠고는 솔이를 달랬습니다. 그리고 뜻 모를 말만 솔이에게 하곤 했습니다.

"솔아 너도 이제 곧 알게 될 거야. 천년송이 되려면 몸을 아름답게 가꾸는 것보다 더 중요한 것이 있다는 것을 말이야."

곁에 있는 엄마는 다시 속삭입니다. '천년을 살아가려면 바람에도 흔들리지 않을 만큼 강한 나무가 되어야 한단다!' 아마 모든 일을 다 알고 있는 듯 편안하기만 한 모습으로 속삭이고 또 속삭입니다.

'체, 볼품없는 모습으로 천년송이 되면 무슨 쓸모가 있는데? 몸을 가꾸는 것보다 더 중요한 것이 뭐란 말인가?'라는 말만 되풀이했습니다. 솔이는 맨날 똑같은 소리만 하는 엄마 말을 이해할 수가 없었습니다.

솔이는 엄마 곁에서 자라고 싶지 않아 바람에게 부탁해 더 멀고 따뜻한 곳에 떨어지길 바라고 있었습니다. 그래서 솔잣새에게 부탁하는 수밖에 없다고 생각한 걸까요?

"바람아! 솔잣새를 좀 불러줄 수 없겠니? 저기 보이는 들판보다 더 먼 곳, 더 따뜻한 넓은 세상으로 가고 싶어서 하는 말이야."

솔이의 부탁에 바람이가 대답합니다.

"벼랑 끝이 싫은 모양이구나. 정 그렇다면 솔잣새를 데려다줄 테니 한번 부탁해보렴."

바람이는 어디론가 사라집니다. 곧 솔잣새가 날아옵니다.

"나 찾았니?"

솔잣새가 눈을 똘망이며 솔이를 쳐다봅니다.

"응, 그래 솔잣새야 반갑다. 날 저 넓은 세상, 따뜻한 남쪽나라로 데려다줄 수 없겠니?" 솔이가 하는 말에 솔잣새가 웃음을 터트립니다.

"너 솔이 아직 잘 모르는구나."

"왜 나도 다 안단 말이야. 이곳이 얼마나 힘든데……."

솔이의 투정에 솔잣새가 대답합니다.

"아니, 넌 오히려 여기서 사는 게 더 좋을걸. 힘들지 않은 곳이
　어디 있는데? 특히 너희들 소나무들은 이런 벼랑 끝에서 힘을
　길러야 천년을 산단 말이야!"

"하지만 난 싫어! 바람도 싫고 햇빛을 잘 보지 못하는 것도 싫
　단 말이야. 너도 우리 엄마와 똑같은 말만 하는구나. 솔잣새 너
　도 싫어!"

솔이의 짜증에 솔잣새도 어쩔 줄 몰랐습니다.

"정 그렇다면 네 부탁을 들어 줄 수는 있어. 하지만……. 잘 생각
　해 봐."

솔잣새는 뜻 모를 얘기만 남기고 '포로롱' 하늘로 솟구쳐 날아
올랐습니다.

솔잣새 말은 맞는 말이었습니다. 소나무들은 비바람이 몰아치
는 환경에서도 늘 푸르고 진한 녹색 잎을 자랑하며 강한 모습을 뽐
내는 게 사실이었습니다. 중국 황산 소나무들을 보세요. 벼랑 끝에
서 더 푸르른 것은 비바람을 이겨낸 강함 때문이 아닐까요? 그래
서 그 소나무들을 보며 감탄하고 좋아하는 사람들이 많은 건 아닐
까요?

솔잣새가 날아간 사이 갈바람이 솔이 곁에 다가왔습니다. 다 듣
고 있었다는 듯 갈바람이 조용히 말을 건넵니다.

"솔아! 솔잣새보다 마칼바람에게 부탁을 하는 것도 좋을 거야.
　마칼바람은 솔잣새보다 더 멀리 데려다줄 수도 있거든."

솔이가 대답하기 전에 갈바람은 언덕을 넘어 어디론가 사라졌
습니다.

찬바람이 벼랑 끝을 넘나듭니다. 곧 겨울이 올 듯합니다. 겨울과 함께 북쪽에서는 마칼바람이 불어올 것입니다.

갈바람이 사라진 후 얼마나 지났을까요? 마칼바람이 불어오기 시작합니다. 형제들이 우수수 떨어져 나가기 시작하네요. 큰솔이 누나와 대부분 형제들이 엄마 곁에 떨어졌지만 바람에 실려 들판으로 날아간 형제도 있었습니다.

'아, 안 돼!' 북쪽에서 불어오는 마칼바람에도 모두 엄마 곁으로 떨어지는 형제들을 보면서 솔이는 가는 비명소리를 내고 있었습니다. 갈바람이 말한 마칼바람이 오히려 솔잣새보다 힘이 없는 듯 보였습니다.

"제발 부탁한다. 마칼바람아, 좀 더 힘을 내고 날 먼 남쪽나라까
    지 데려다줘!"

떨어지면서 마칼바람에게 애원합니다. 솔이 애원에도 불구하고 솔이는 먼 남쪽나라는커녕 바로 구부정한 엄마 곁에 떨어지고 말았습니다. 마칼바람도 어쩔 수 없었겠지요? 솔이도 있는 힘을 다해 날았지만 어쩔 수 없었고요.

그때 엄마가 조용히 타일렀습니다.

"솔아, 바람이 우릴 키운단다! 마칼바람을 원망 마라. 바람이 없
    었다면 우린 지금 여기 없었을지도 모르지."

"싫어, 싫단 말이야!"

엄마 타이름에도 솔이는 울부짖기 시작했습니다.

"엄마같이 살고 싶지 않단 말이야."

눈보라와 폭풍에 허리는 비틀렸고 가지는 수없이 찢겨 나간 엄

마입니다. 백 살도 넘은 나이라 뿌리는 바위 속을 깊숙이 파고 들었고 투박한 몸매는 어떤 추위에도 끄떡없는 듯했습니다. 예쁜 엄마나무가 그리워서일까요? 솔이는 따뜻한 양지에서 자라는 고운 나무들이 늘 부러웠습니다. '저쪽에서 자라는 아이들은 얼마나 따뜻할까?', '제 엄마들 저 보들보들한 피부는 또 어떻고?' 평평하고 따뜻한 곳이 늘 그리웠던 솔이는 혼잣말로 외로움을 달래봅니다. 솔이가 투정을 하는 것도 잠깐, 한겨울이 찾아왔습니다.

"바위틈을 더 파고들거라. 그리고 싹을 틔우려면 힘껏 흙을 움켜쥐고 있어야 한단다."

눈보라가 휘몰아치는데도 봄이 올 때까지 흙을 움켜쥐고 바위 속을 파고 들어가라고 엄마는 재촉합니다.

'비바람을 이겨야 천년송이 된단다!'

엄마의 속삭임이 눈보라 속에 흩어집니다.

눈보라와 함께 추위는 계속되었습니다. '아이 추워.' 추위가 솔이 맨몸을 파고들기 시작하자 엄마가 다시 소리칩니다.

"애야, 힘을 내렴. 바위 속을 파고 들어 흙을 움켜쥐거라."

엄마의 목소리는 눈보라에 더 힘이 나는 듯하네요. 계속되는 엄마 재촉에 솔이는 힘을 내었습니다. 바위틈에 꼬옥 몸을 숨기고 흙을 움켜쥐며 속으로 속으로 파고들었습니다. 그래서일까요? 따뜻한 봄날이 되자 솔이는 어느새 바위 속에 뿌리를 내리고 있었습니다.

"우리 솔이가 눈보라를 잘 견뎌냈구나."

그러면서 겨울을 이겨낸 솔이에게 엄마는 다시 속삭입니다.

"구부정하고 볼품없는 몸매를 가졌지만 내 뿌리를 보거라. 누구
　보다도 단단하단다. 어떤 눈보라 비바람에도 끄떡없었기 때문
　에 백 년 동안 겨울을 났거든."

엄마 뿌리는 정말 강해 보였습니다. 갈바람도 마칼바람도 어떤
바람도 엄마를 뿌리째 흔들 수는 없을 것 같았습니다

혼잣말처럼 속삭이던 엄마의 말이 다시 떠오릅니다. '바람에도
흔들리지 않을 만큼 강한 천년송이 되어야 한다!'

구부정하고 거친 엄마 몸이었지만 다른 나무들이 다 뽑히고 죽
어가는데도 엄마는 늘 푸르게 그 자리였던 것을 솔이는 이제야 알
았습니다.

솔이가 엄마 곁에서 몸집을 키우던 어느 날이었습니다.

재선충 병이 번지면서 소나무들이 모두 누렇게 죽어 나가기 시
작했습니다. 겨울 태풍이 몰아쳐 들판은 쑥대밭이 되고 나무가 모
두 뽑히고 말라죽기 시작했습니다. 그런데도 벼랑 끝에 선 솔이와
엄마는 오히려 더 푸르름을 자랑합니다.

따뜻한 봄이 왔습니다. 여기저기 빨간 낙인 표시들이 찍히고 넓
은 품을 차지했던 그루터기들은 진득한 송진 눈물을 자아낼 뿐 주
홍 동그라미만 휑뎅그렁하게 남겨졌습니다. 따뜻한 곳에서 자라
던 나무들은 뿌리째 뽑혀 나가 흔적도 없이 사라졌고 재선충 병에
걸려죽은 소나무들은 벌건 표시를 한 둥치만 남기고 모두 베어졌
고요. 솔숲에 오면 머리가 맑아진다고 혈액순환에 좋다고 들판에

선 큰 소나무에 등치기를 해대던 이들이 이젠 벼랑에 서있는 엄마 곁에 다가가기 시작합니다

"아이구, 이 난리 통에도 소나무가 살아남은 것 좀 보세요."

"그러게 말입니다. 몸통이 두껍고 거친 걸 보면 백년은 살았겠네요."

옆에서 지켜보던 다른 아주머니도 거들었습니다.

"구부러지고 뒤틀리고…… 얼마나 힘들었을까요?"

얘기를 나누던 아주머니들이 엄마를 쓰다듬기 시작합니다. 많은 사람들이 엄마를 어루만지며 감탄합니다. 거칠고 투박하고 구부정하고 못생긴 엄마 몸이 좋다는 걸 사람들이 이제야 알기 시작한 걸까요? 솔이는 엄마가 좋아졌습니다.

'나도 이젠 벼랑 끝에서 힘을 키워야지 .엄마처럼 뿌리를 튼튼히 내릴 거야!'

솔이는 다짐해봅니다.

입버릇처럼 속삭이던 '천년송이 되어라!', '바람이 우릴 키운다.'는 엄마의 말이 무슨 뜻인지 어렴풋이 깨달았습니다. 이젠 한겨울 삭풍도 무섭지 않습니다. 엄마를 원망했던 지난 일이 새삼 머릿속을 맴돌았지만 갈바람에게 투정을 하고 마칼바람에 실려 멀리 날아가고 싶었던 솔이 생각은 헛된 꿈이었다는 것을 엄마는 보여주었기 때문입니다.

솔잣새에게 먹혀 멀리 떠나가지 않은 게 정말 다행이었습니다.

따뜻한 곳에서 많은 나무들 곁에서 곱게 자라다가 어느 날 바람에 뽑혀나간 친구들과 재선충 병에 죽어나간 친구들을 생각하면

서 솔이는 백년을 꿈꾸기 시작합니다. 아니, 엄마 바람처럼 이곳에서 천년을 지키며 살아갈 것입니다. 어떤 비바람과 병에도 꺾이고 시들지 않는 천년송이 되리라 다짐해 봅니다.

우리를 십장생이라 부르는 이유는 바로 비바람에도 꺾이지 않고 천년을 살아가는 푸른 기상 때문이라는 걸 다시 알게 된 솔이입니다.

솔이는 해와 달이 있고 산과 물이 있는 이 벼랑에서 엄마와 영원히 살아갈 것입니다. 이젠 어떤 시련이 와도 참아낼 수 있을 것 같았습니다. 떨어진 자리가 제가 살아갈 곳이라는 걸 솔이는 왜 이제야 알았을까요?

'천년송이 될 거야!'

멀리서 또 봄이 오는 소리가 들립니다. 급한 물에 떠내려가다 닿은 곳에 싹을 틔우는 땅버들 씨앗을 아시나요? 땅버들 씨앗을 보며 솔이는 이제 불평을 하지 않을 겁니다. 실바람에 땅버들 잎이 싹을 틔우고 나면 곧 꽃바람도 불어오겠지요? 꽃바람에 맞춰 다시 피어나는 봄꽃들을 솔이는 사랑하게 될 것입니다. 양지바르고 촉촉한 땅은 누구나 좋아하지만 각자 살아갈 곳이 다르다는 것을 이젠 알고 있으니까요. 수선화가 지고 나면 자목련, 백목련, 진달래, 개나리, 제비꽃, 민들레도 피어나겠지요? 콩제비꽃, 깽깽이풀, 애기괭이밥, 나도바람꽃과 함께 벚꽃이 필 무렵 벼랑 끝에 사는 저를 보러 오지 않을래요?

뒤죽박죽
거짓말 나라

ㅡ

김 란

- 동화집 《마녀 미용실》.
- 어린이 제주 신화집 《이토록 신비로운 제주 신화》.
- 전자책 《달빛 피자가게》.
- 동화구연가.
- 독서논술, 독서북아트 강사.
- 제주아동문학협회, 제주작가회의, 제주펜클럽 회원.

뒤죽박죽 거짓말 나라

　큰 배를 가지고 있는 어부 아저씨가 살았습니다. 어부 아저씨는 큰 부자였습니다.

　어부 아저씨는 거짓말을 밥 먹듯이 하는 사람이었습니다. 어린 아이였을 때 너무너무 심심한 날에 친구에게 거짓말을 했습니다. 그런데 그 친구가 깜박 속아 넘어갔습니다. 그때부터 어부 아저씨는 거짓말에 재미를 붙여서 툭하면 거짓말을 하는 거짓말쟁이가 되었습니다.

　어부 아저씨는 심지어 어린아이들에게도 거짓말을 했습니다.

　"얘야, 저 나무 뒤에 사자가 숨어 있단다."

　어부 아저씨가 나무 뒤를 가리키며 거짓말을 하면 아이들은 깜짝 놀라 울면서 도망갔습니다. 그러면 어부 아저씨는 뒤에서 손뼉 치면서 웃었습니다. 이렇게 어부 아저씨의 거짓말에 당한 아이가 한둘이 아니었습니다.

　마을 사람들도 마찬가지였습니다. 그래서 마을 사람들은 어부 아저씨에게 속지 않으려고 늘 조심하였습니다.

어부 아저씨에게는 아내와 열 살 된 딸 루비가 있었습니다. 하루는 딸 루비가 아빠 때문에 친구들에게 놀림을 받았습니다.

"네 아빠는 거짓말쟁이야!"

"아니야!"

아이들이 놀릴 때면 루비는 울면서 집으로 갔습니다. 루비는 아빠가 거짓말쟁이라는 게 너무 창피했습니다.

어부 아저씨는 아내에게도 거짓말을 했습니다.

"당신은 호박 같이 못생겼어."

사실 마음속으로는 한 떨기 장미 같다고 생각하면서 말이에요.

"당신이 만든 음식은 정말 맛이 없어."

마음속으로는 요리사처럼 음식 솜씨가 좋다고 생각하면서요.

어부 아저씨가 아내에게 거짓말을 하는 이유는 사실대로 말하면 아내가 잘난 체하면서 거드름을 피울 것 같아서였습니다.

아내는 그것도 모르고 남편에게 무척 실망했습니다. 아내는 결혼한 후에 남편에게 한 번도 칭찬을 들어본 적이 없습니다. 아내는 슬펐습니다.

어부 아저씨가 잔소리를 몹시 심하게 한 날, 아내는 더 이상 참을 수가 없어서 딸 루비를 데리고 멀리 떠나버렸습니다.

저녁 무렵에 바다에서 돌아온 어부 아저씨는 집으로 들어갈 때면 풍기던 맛있는 음식 냄새가 나지 않았습니다. 달려와서 안기던 사랑스러운 딸 루비도 보이지 않았습니다. 깊은 밤이 되어도 아내와 딸은 돌아오지 않았습니다. 어부 아저씨는 뜬눈으로 밤을 지새

왔습니다.

　'분명 나쁜 놈들이 돈을 노리고 잡아갔을 거야. 이렇게 큰 집이 있고 큰 배가 있고 큰 차가 있는데 스스로 집을 나갈 리가 없어.'

　어부 아저씨는 날이 밝자마자 아내와 딸을 찾으려고 집을 나섰습니다. 번쩍번쩍 빛나는 큰 차를 타고 주위를 살피며 하루 종일 달렸습니다.

　어느 숲을 지날 때 주위를 두리번거리며 가다가 그만 차가 고랑에 빠지고 말았습니다.

　"아이쿠! 차까지 말썽을 부린담."

　어부 아저씨는 투덜대며 차에서 내려 카센터에 전화했습니다.

　눈이 족제비 같이 찢어진 카센터 아저씨가 왔습니다.

　"글쎄, 한참 달리고 있는데 저쪽 숲에서 멧돼지가 달려오더니 차를 공격하지 않겠소!"

　어부 아저씨는 차가 고랑에 빠진 것이 부끄러워서 거짓말을 하였습니다.

　카센터 아저씨는 숲에 멧돼지가 없다는 걸 알고 있었기 때문에 차 주인이 거짓말쟁이라는 것을 눈치 챘습니다.

　"그래요? 나도 어제 멧돼지가 공격해서 죽을 뻔했지요!"

　카센터 아저씨가 차를 고랑에서 꺼내면서 말했습니다.

　어부 아저씨는 카센터 아저씨가 하는 말을 듣고 이렇게 생각했습니다.

　'숲에 정말 멧돼지가 사나?'

　"아저씨는 비싼 차를 몰고 어디를 가는 길이오?"

어부 아저씨는 지금까지 있었던 일들을 카센터 아저씨에게 말했습니다.

카센터 아저씨는 날카로운 눈빛으로 어부 아저씨를 머리에서 발끝까지 쫙 살피더니 말했습니다.

"부인과 딸에게 거짓말을 하셨군요."

"아내에게 칭찬을 많이 하면 아내가 거드름을 피울까 봐 거짓말을 조금 했지요."

"맞아요! 잘하셨습니다."

어부 아저씨는 기분이 이상했습니다. 지금까지 살아오면서 거짓말을 잘했다는 사람을 처음 만났기 때문입니다.

어부 아저씨가 막 숲속을 빠져 나가려고 하는데 갑자기 차가 제멋대로 가기 시작했습니다.

"어, 어?"

어부 아저씨는 깜짝 놀랐습니다. 차가 뒤로 달렸기 때문입니다.

"어, 어?"

차는 울퉁불퉁한 길인데도 거침없이 숲 안으로 들어갔습니다. 차는 한참 동안 숲속 길을 달리다가 멈췄습니다.

"여기가 어디지?"

어부 아저씨는 겁먹은 얼굴로 주위를 둘러보았습니다.

"앗!"

나무가 뿌리가 하늘을 향한 채 거꾸로 서 있었습니다. 바위도 거꾸로 서 있었고 날아가는 새도 거꾸로 날아가고 있었습니다. 주위에 있는 것들이 모두 거꾸로 되어있었습니다.

"내가 꿈을 꾸나!"

어부 아저씨는 팔뚝을 꼬집어보았습니다. 따끔하게 아픈 것을 보니 꿈은 아니었습니다.

어부 아저씨는 무서운 생각이 들어 숲속에서 도망가려고 하였습니다.

그때 한 무리의 사람들이 몰려왔습니다. 사람들은 똑바로 서서 왔습니다.

"거짓말 나라에 온 것을 환영한다!"

"거짓말 나라요?"

그 사람들은 어부 아저씨를 어디론가 데려갔습니다. 도착한 곳은 마을 한가운데에 있는 큰 건물이었습니다.

"어서 오게!"

어디선가 들었던 목소리였습니다. 말하는 사람 얼굴을 자세히 보았더니 바로 카센터 아저씨였습니다.

"엇! 당신은 카센터 아저씨?"

"하하하, 나는 거짓말 나라 왕일세."

"카센터 사장이 거짓말 나라 왕이었다고요? 그런데 왜 나를 여 기로 데려온 거죠?"

"거짓말 나라는 거짓말을 잘하는 사람들이 모여 사는 곳이오!"

"거짓말을 잘하는 사람들이 모여 살아요?"

어부 아저씨는 좀 전에 거짓말 나라 왕이 거짓말을 잘했다고 칭찬한 이유를 이제야 알게 되었습니다.

"저는 아내와 딸을 찾으러 가야 합니다."

"아내와 딸은 잊어버리고 우리하고 삽시다. 거짓말을 좋아하는
 사람끼리 말이오."

어부 아저씨는 사랑하는 아내와 딸을 잊어버리라고 말하는 거
짓말 나라 왕이 사기꾼 같다고 생각하였습니다.

"저는 거짓말보다 아내와 딸을 더 사랑합니다. 아내와 딸을 찾
 으러 가야 합니다. 그리고 앞으로는 거짓말을 하지 않을 작정
 입니다."

거짓말 나라 왕은 어부 아저씨를 감옥에 가둬버렸습니다.

사실 거짓말 나라 왕은 사람들을 꾀여서 거짓말 나라에서 살게
한 다음, 재산을 모조리 빼앗는 사기꾼 마법사였습니다. 그리고 다
른 사람들에게 사기를 쳐서 돈을 뺏어오게 하였습니다.

어부 아저씨는 감옥에서 후회의 눈물을 흘렸습니다.

"여보, 그리고 루비야, 이제 나는 여기서 죽을 것 같아. 지금까지
 거짓말쟁이 남편, 거짓말쟁이 아빠였다는 것이 정말 부끄럽고
 미안해!"

어부 아저씨는 눈물을 뚝뚝 흘리며 울었습니다.

'지금 어디서 고생하고 있는지…….'

어디선가 나쁜 사람들에게 끌려가서 고생하고 있을 아내와 딸
을 생각하니 울음이 폭포처럼 터졌습니다.

아침이 되자 어부 아저씨는 왕 앞에 끌려갔습니다.

"어젯밤에 몹시 시끄럽게 울더군. 정 그렇다면 거짓말 나라를
 나갈 수 있는 기회를 주겠다. 세 번의 거짓말을 성공해야 한다!"

어부 아저씨는 망설였습니다.

"이제는 거짓말을 하지 않겠다고 맹세하였습니다. 제발 한 번만
　봐주세요."

"절대 그럴 수 없다. 우리 거짓말 나라 규칙이거든."

어부 아저씨는 딱 하루만 더 거짓말을 해야겠다고 마음먹었습
니다.

"예, 알겠습니다."

어부 아저씨는 거짓말을 할 사람을 찾아 기웃거리며 돌아다녔
습니다. 하지만 거짓말할 만한 사람은커녕 개미 한 마리 보이지 않
았습니다.

"사람들이 모두 어디로 갔지?"

어느 집 앞을 지날 때였습니다. 대문 옆에 예쁘게 생긴 부인이
쪼그려 앉아서 울고 있었습니다. 어부 아저씨는 그 부인에게 거짓
말을 하려고 말을 걸었습니다.

"왜 울고 있는지요? 슬픈 일이 있나요?"

그 부인은 고개를 끄덕이며 말했습니다.

"내 남편은 내가 만든 음식이 맛도 없고 얼굴도 못생겼다고 구
　박을 합니다. 그래서 슬퍼서 울고 있습니다."

어부 아저씨는 속으로 깜짝 놀랐습니다. 옛날에 자신이 아내에
게 했던 거짓말을 그 부인 남편이 꼭 같이 하고 있기 때문입니다.

'내가 아내에게 거짓말을 했을 때도 아내가 저 부인처럼 슬퍼했
　겠구나.'

어부 아저씨는 자기 아내도 이 부인처럼 슬퍼했을 거라고 생각
하니 너무 미안했습니다.

'이 부인이 안됐지만 아내와 딸을 찾기 위해선 거짓말을 해야 해.'

어부 아저씨는 거짓말을 하려고 입을 열었습니다. 그런데 자기도 모르게 다른 말이 나왔습니다.

"남편 분의 속마음은 정반대일 겁니다. 믿음을 가지세요."

어부 아저씨는 그만 진심을 말하고 말았습니다.

"고마우신 분이군요. 앞으로 남편을 믿겠습니다."

그 부인은 거듭 고맙다고 인사를 하며 집으로 들어갔습니다.

어부 아저씨는 이번에는 꼭 거짓말을 하겠다고 생각하며 터벅터벅 걸어갔습니다. 한 무리의 아이들이 뛰어가고 있었습니다.

"옳지, 저 아이들에게 거짓말을 해야지."

그런데 뜻밖의 일이 벌어졌습니다. 그 아이들이 한 여자아이를 놀리기 시작한 것입니다.

"네 아빠는 거짓말쟁이래!"

"거짓말쟁이래!"

"저리 가! 우리 아빠 거짓말쟁이 아냐!"

딸 루비만 한 여자아이가 울면서 말하였습니다.

"이 녀석들!"

어부 아저씨는 아이들을 쫓아버렸습니다.

"울지 말거라!"

"우리 아빠가 거짓말쟁이래요!"

"너도 네 아빠가 거짓말쟁이라고 생각하니?"

여자아이는 고개를 저으며 아니라고 했습니다.

"그러면 너는 아빠를 믿으면 된단다. 알았니?"

여자아이가 고개를 끄덕였습니다. 어부 아저씨는 여자아이의 눈물을 닦아주었습니다.

어부 아저씨는 이번에도 거짓말을 못 하였습니다.

'아! 어떡하면 좋지? 이번에도 거짓말을 못 했네.'

그때 사람들이 다가오더니 어부 아저씨를 거짓말 나라 왕 앞으로 끌고 갔습니다.

"당장 이 나라를 떠나라!"

"예? 한 번도 거짓말을 못 했는데요?"

어부 아저씨는 잘못 들었나 하면서 물어보았습니다.

"사실은 너를 시험해 본 것이다. 그런데 너는 거짓말을 하기는 커녕 진심을 말했다. 거짓말을 못 하는 사람은 거짓말 나라에 필요가 없다."

"알겠습니다. 당장 이 나라를 떠나겠습니다."

"어이!"

어부 아저씨가 급히 떠나려고 하는데 거짓말 나라 왕이 불렀습니다.

"집으로 돌아가 보거라. 집에 아내와 딸이 돌아와 있을 거다."

"정말입니까?"

"그렇다. 네가 여기 오기 전에 네 아내와 딸이 이 마을을 지나갔다. 그때 네 아내와 딸도 시험해 봤지만 통과하지 못했다. 거짓말 나라를 떠날 때 집으로 돌아가겠다는 말을 한 것이 기억난다.”

“아!”

어부 아저씨는 너무 기쁜 나머지 소리 내 울었습니다. 거짓말쟁이 남편과 아빠를 용서해 준 아내와 딸이 한없이 고마웠습니다.

어부 아저씨는 부랴부랴 집으로 돌아갔습니다. 집으로 들어갈 때 맛있는 음식 냄새가 풍겨왔습니다. 환하게 켜진 불은 한없이 따뜻했습니다.

“여보! 루비야!”

어부 아저씨가 큰 소리로 아내와 딸을 불렀습니다. 아내와 딸이 달려 나왔습니다. 어부 아저씨는 아내와 딸 루비를 꼭 안았습니다.

어부 아저씨는 밤하늘에 반짝이는 별을 보았습니다. 앞으로는 거짓말을 하지 않겠다고 별을 보며 다짐하였습니다.

전봇대 귀신

김 섬

2001년《동시와 동화나라》신인문학상을 받으며 등단하였습니다.
'제주작가회의', '국제펜문학', '제주아동문학협회'에서 글벗들과 같이 집필하고 있으며 '동화섬'에서 제주전래동화와 북한동화를 구연하는 구연동화대회를 열어 통일의 불씨를 지피고 있습니다.
지은 책으로는 장편동화《숨비소리》, 풀꽃동화《웃음웃을꽃》, 창작동화집《볼락잠수 앙작쉬》가 있습니다.
wmugae@hanmail.net

전봇대 귀신

우리 집에 왜 왔니 왜 왔니 왜 왔니

꽃을 따러 왔단다 왔단다 왔단다

누구 꽃을 따겠니 따겠니 따겠니

순이 꽃을 따겠다 따겠다 따겠다

벌써 동네가 떠들썩하다. 채 해도 떨어지지 않았는데 여러 아이들의 목소리가 들린다. 오후 내 들이며 바다로 쏘다닌 아이들은 저녁을 먹기가 무섭게 하나둘씩 모이기 시작했다. 아이들은 모이는 대로 어깨를 겯고 노래를 부르며 동네를 한 바퀴 돈다. 노래 소리가 얼른 나오라는 신호다. 순이는 밥숟가락이 급해졌다.

"천천히 먹으라, 체헌다!"

어머니는 순이 마음을 이미 알아챘으면서도 눈을 흘긴다.

요즘은 조개 철이다. 학교 갔다 오기가 바쁘게 장화를 신고 통밭알(제주도 성산포 입구 바다 이름)로 바구니를 꿰차고 달린다. 모래 바닥에 손톱 자국만 한 구멍이 살짝 뚫려있는 곳을 골갱이(호미)로 파헤치면 제법 알 굵은 조개가 수북이 손에 잡힌다. 오늘 저녁은 그 조개에 무를 송송 썰어놓고 끓인 조개 조배기(수제비)다. 시원한 국물과 함께 씹히는 쫄깃쫄깃한 조배기가 일품이지만 물컹하게 익은 무는 순이의 입에 영 마땅치가 않다. 순이는 몇 가닥 남은 무를 국그릇 바닥으로 가라앉혔다. 그리고는 슬그머니 일어서서 고양이 걸음으로 마루를 가로질렀다.

"순이야!"

부엌에서 들어오던 어머니가 조배기 그릇을 든 채 소리쳤지만 순이는 뒤도 돌아보지 않고 내달렸다.

꼼짝꼼짝 고사리 꼼짝
제주도 한라산 고사리 꼼짝

손을 잡고 빙 둘러선 여자아이들은 노래에 맞추어 손을 감았다 풀었다 하며 멍석놀이를 하였다. 어두워지면 고무줄이나 방치기(사방치기)보다 세세히 보지 않아도 잘할 수 있는 멍석놀이가 제격이었다.

"아이고, 지치다. 이제랑 좀 쉬게!"

편을 갈라 자치기로 거리를 달리던 남자아이들도 같이 길 옆 담벼락에 걸터앉았다. 어느새 캄캄해진 거리에서는 자치기도 쉽지 않았다.

"누구 먼저 할 거냐?"

우렁찬 괄이 목소리가 제때 순번을 재촉했다. 놀이에 지친 아이들이 이야기꽃을 피울 때마다 늘 담임선생님처럼 차례를 정해주는 시키지 않은 대장이다.

"응, 나가 먼저 허커라."

쇠똥이가 먼저 이야기 주머니를 열었다. 아이들 눈이 달빛에 반짝였다.

"어…… 파란 종이 주카? 빨간 종이 주카?"

"에이!"

쇠똥이가 아무리 표정을 잡고 이야기를 해봐도 그건 이미 수십 번도 더 들은 이야기였다.

"나, 진짜, 무서운, 이야기 이서."

이야기 마당에서 언제나 듣기만 하던 몰멩이가 어쩐 일로 입을 다 열었다.

"우리 옆집 사는, 개똥이 아버지 있잖아이? 어제 동남(마을 이름) 갔다 오단, 터진목(성산포 입구)에서, 귀신 봤댄."

몰멩이는 마치 귀신이 앞에 서있는 것처럼 오스스 몸을 떨었다.

"키가, 사람 두 배나 허댄."

"말도 안허고이, 군인 옷 입엉, 그냥 서 있기만 허였댄."

떠듬떠듬 어눌한 몰멩이 말이 점점 급해지기 시작했다.

"기절핸 쓰러져 이신 걸이, 우리 아버지가 오늘 아침에 발견허연 집으로 모셩 왔댄."

"경허연?(그래서?)"

"개똥이 아버지, 지금도 일어나지 못해 누워있대."

"정마알?"

아이들은 이미 겁에 질려 있었다. 누구도 입을 열지 않았다. 그저 몸을 웅크린 채 서로 바짝 다가앉았다.

"거짓말! 세상에 귀신이 어디 있나?"

무서움을 털어내기라도 하듯 자리에서 벌떡 일어난 괄이가 손을 허리에 얹고 씩씩거렸다.

"우리 아버지가 말하는 거 나가 분명 들어신디……."

몰멩이는 마치 못할 말을 해버린 죄인처럼 쩔쩔매며 입을 다물어 버렸다.

"진짠지 아닌지 내기허믄 되큰게?"

엉뚱한 쇠똥이가 억지를 쓰는 괄이 말을 맞받아쳤다.

"좋아 게믄이, 지금 터진목에 한번 가보자."

괄이가 호기 있게 먼저 벌떡 일어섰다. 아이들도 괄이를 따라 벌떡 일어섰다. 아이들은 슬그머니, 사방팔방 집을 향해 후다닥 사라져버렸다. 몰멩이도 슬그머니 일어났다.

"몰멩이!"

괄이 목소리가 대포 같다. 몰멩이는 꼼짝없이 괄이 우격다짐에 잡히고 말았다.

"쇠똥이, 가자!"

"터진목 쪽으로 가보자."

괄이가 앞장섰다. 쇠똥이가 괄이 뒤를 따랐다. 퍼렇게 질린 몰멩이가 얼떨결에 순이 손을 꼭 붙잡더니 엉거주춤 그 뒤를 따른다.

개똥이네 집 앞을 지났다. 맞물린 길 끝에 동남으로 뻗은 외길이 보인다. 터진목이다.

순이 손을 잡은 몰멩이 손이 떨고 있다. 떠는 건 순이도 마찬가지다. 몰멩이가 순이의 손을 잡아당긴다. 집에 가자고 고갯짓을 한다.

"안, 돼!"

순이는 입만 오물거리며 앞에 가는 괄이를 가리켰다. 몰멩이가 슬그머니 손을 뺐다.

"빨리 오라이!"

괄이가 돌아보며 벌컥 소리를 질렀다. 순이는 몰멩이가 잘 따라오는지 뒤를 흘끔거리며 걸어갔다. 다행히 달빛이 밝았다. 길옆에 풀 그림자가 한들거린다.

괄이가 바다 쪽 방파제에 자리를 잡고 기대앉았다. 맞은편으로 통밭알 물이 장판처럼 깔려 있다. 바다 위로 밝은 불빛이 서서히 움직인다. 마치 도깨비불 같다. 순이는 간이 오그라드는 것 같았다. 불빛이 점점 다가오더니 아이들 앞을 지나친다. 동남에서 들어오는 막차였다.

"몰멩아! 야, 몰멩이!"

몰멩이가 버스를 따라 뛰기 시작했다.

"저걸 그냥!"

괄이가 일어섰다.

"안 돼, 가지 마!"

순이가 괄이의 손을 꽉 잡아버렸다. 으스스한 어둠 속에서 그나마 담 큰 괄이라도 있어야 할 것 같았다. 순이도 몰멩이를 따라 도 망치고 싶었지만, 몸이 말을 듣지 않았다. 굳어버린 것처럼 다리에 감각이 없다.

괄이는 몇 번 씩씩거리더니 자리를 잡고 앉았다. 마을에 사람들을 내려준 막차도 서둘러 마을을 빠져나간다.

셋은 나란히 방파제에 기대앉아 달빛 받은 바다를 한없이 바라보았다. 스으스 지나가는 바람 소리가 으스스하다. 그런데도 괄이는 점점 자세가 편해지더니 아예 담벼락에 편안히 기대어 앉았다.

"우리 옛날이야기 할까?"

괄이가 심심한 듯 입을 열었다.

"싫어!"

순이는 옛날이야기 소리만 들어도 몸이 오싹거렸다.

"무서우믄 혼자라도 집에 갈래?"

쇠똥이가 걱정스러운 듯 순이 귀에 대고 속닥거렸지만, 순이는 오금이 저려 손가락 하나도 까닥할 수 없었다.

"흐윽 흐흑……."

순이는 자꾸 울음이 나왔다.

"아, 왜 울어?"

순이 울음소리에 더 놀란 건 쇠똥이다.

"흐, 흑……."

"꼭 귀신 우는 소리 같잖아. 그만해!"

괄이도 겁먹은 목소리로 벌컥 소리쳤다. 센 척하지만 괄이도 속으로는 겁을 먹고 있는 것이었다.

"그래 좋다, 가자! 대신 나가 이긴 거다. 애들한테 똑똑히 말해!"

"알았어, 너가 이겼어."

쇠똥이가 순이의 손을 잡아끌며 자리에서 일어났다.

"으악!"

"엄마야! 엄마!"

방파제 뒤에서 몸을 뺀 순간, 기다랗게 뻗은 그림자가 앞을 막아섰다. 순이는 그냥 주저앉아버렸다. 도망가는 아이들 발자국 소리가 점점 멀어진다.

"순이야, 순이야!"

순이는 꿈결인 듯 아버지 목소리를 들었다. 하지만 몸이 움직여지지가 않는다.

순이가 다시 눈을 떴을 땐 방 안이었다. 이마가 척척하다. 어머니가 걱정스런 얼굴로 순이 이마에 찬 물수건을 얹고 있다.

"순이야, 정신 차리라! 순이야!"

"어머니!"

순이는 울고 싶었다. 그런데 울음이 나오지 않는다. 기다란 그림자만 순이 눈에 그득하다.

"순이야, 그거 귀신 아니라. 너네 전봇대 그림자 보고 놀란 거라. 아버지가 확인해서."

그래, 그럴 수도 있겠다는 생각이 들었다.

"쇠똥이는?"

"괄이는?"

"응, 집에들 잘 들어갔저. 너 기절한 거이, 쇠똥이가 알려줜 알아
　서. 우리 딸 이젠 괜찮으냐?"

순이는 괜찮았다. 괜찮을 줄 알았다. 그런데 순이는 잠을 잘 수
가 없었다. 눈을 감기만 하면, 군복을 입은 키 큰 아저씨가 전봇대
처럼 서 있었다. 순이는 시름시름 앓기 시작했다. 학교에도 갈 수
가 없었다.

"숭시(흉한 일)우다."

"숭시는 무슨 숭시?"

"말하는 거로 보믄 영락어시 어진이 아방인디……."

"거, 쓸데어신 소리!"

"쓸데어신 소리 아니우다. 어진이 어멍 죽은 지 얼마 되지도 안
　허영 이런 일이 벌어져시난……."

어진이 어멍은 얼마 전에 죽은 잠수 삼춘이다. 바다에 물질 나
갔다 나오지 못했는데 어른들은 모이기만 하면 쑥덕거렸다. 하지
만 무슨 말인지 들을 수가 없었다. 가까이 가기만 하면 입을 다물
고 "저리 가라."는 손짓을 했다. 어진이는 이제 할머니와 단 둘이
산다. 어진이는 어머니를 잃고 좀 맥이 없어지긴 했지만 여전히 아
이들과 잘 놀고 학교에도 잘 다닌다.

순이네 마루에서는 약 냄새가 끊이지 않았지만 순이는 자리를
털고 일어나지 못했다. 순이뿐만이 아니었다. 쇠똥이도 몰멩이도
넋 나간 아이처럼 비실거렸다. 괄이는 그 우렁찬 목소리를 닫아걸
어 버렸다. 개똥이 아버지도 여태 누워 있다는 소문이다.

"순이야, 괜찮으냐? 걸어지크라?"

"아고 걷기는 무슨, 이 아방 등에 업히라."

순이는 아버지 등에 업혔다. 힘이 쭉 빠져 늘어지듯 업혔지만 아버지 등은 따숩고 미더웠다. 아버지는 순이를 업고 우뭇개(성산포 일출봉 밑 바다 이름) 동산 쪽으로 올라갔다. 우뭇개 동산의 소나무들이 전봇대 귀신처럼 다가들었다.

"아버지, 어디 가맨?"

순이는 또 온몸이 와들와들 떨렸다.

"괜찮다. 아부지 있는데 무슨 걱정이냐?"

옆에서 걷던 어머니가 순이의 손을 꼭 잡아 주었다. 우뭇개 동산(일출봉 밑. 4·3 때 사람들을 끌고 가 총살한 곳) 바다 앞에 마을 사람들이 다 모여 있었다.

"어머니, 저거 뭐?"

"괜찮다. 마을 굿 허는 거여. 걱정 말라. 이제 다 나을 거여."

두루마기에 쾌자를 입고 갓을 쓴 심방(무당)이 너울너울 춤을 추고 있었다. 심방 앞에는 개똥이 아버지가 자리를 깔고 누워 있었다. 쇠똥이와 몰멩이, 괄이도 자리를 깔고 다소곳이 앉아 있었다. 어진이는 할머니 옆에 꼭 붙어 앉아 있었다. 순이 아버지는 순이를 안고 개똥이 아버지 옆에 가 앉았다. 어머니가 갖고 온 담요를 순이에게 덮어 주었다. 순이는 담요를 귀까지 끌어 올리고, 아버지 품으로 파고들었다.

"징! 징!"

징소리가 울리고 심방이 중얼거리는 소리가 나직하게 퍼졌다.

"불쌍한 영혼 영신은 어진이 아바지 영혼, 무자기축년 사태에

대통령 사진 아니 샀다고, 무지악마헌 놈덜 성산 지소에 데령 강 모진 매질허곡, 우뭇개 바당 앞이서, 터진목에서 집단학살 헐 때, 어멍 아방이 목숨 걸고 숨견 살아났주마는, 전쟁은 나난 빨갱이 소리 아니 듣젠 군에 지원허영 갔당, 간날 간시 모르게 죽어간 어진이 아바지 영혼님과……."

심방은 이제까지 순이가 궁금해하던 것을 다 알고 있는 것 같았다. 순이는 바짝 올렸던 담요를 걷어내고 귀를 기울였다.

"아구 기어사, 그 때 어진이 아방 제 정신이 아니었주."

동네 삼춘들이 수건을 끌어당겨 눈 밑으로 가져갔다.

순이는 꿈에서 보던 군복을 입은 키 큰 아저씨를 떠올렸다. 하지만 얼굴이 떠오르지 않았다. 멀리 우두커니 서서 말없이 내려다보던 그 모습만 오락가락했다.

"어진이 아방 총 들런 전쟁허단, 가족한티 살암시랜 말 한 마디 못허고, 간날 간시 모르게 세상 떠난브난, 어진이 어멍은 늙은 시어멍 모시고, 아방 얼굴 모른 어진이 데령 살젠허난, 간장 썩곡 오장 썩으멍 살단, 바당에 들언 오꼿 나오지 못허연 목숨 끊어져브난, 서럽곡 불쌍헌 영혼님……."

어진이 할망이 북받친 울음을 삼키며 쑤구렁쑤구렁 중얼거렸다.

"불쌍한 우리 메느리, 어떵 허든 살아보젠 바당에 강 물질허멍 시어멍 봉양허곡, 애비 어신 자식 잘 키와보젠 애가 탁 보뜨게 살단 경 서럽게…… 어형 엉엉, 하나 이신 자식 앞세우곡, 메느리까지 앞세우곡……."

어진이 할망은 숨이 끊어지게 슬피 울면서도 울음소리를 마음껏 내밀지 못하였다. 누워있던 개똥이 아버지가 힘겹게 몸을 일으켰다.

"칭원아, 나여. 너 친구여. 미안허다. 너 죽인 것도 모자랑 우리가 어진이 어멍까지 보냈져. 우리 정성이 짧았져. 너 보듯이 마음을 써야 허는디 경을 못했져."

"에구, 기여사! 오죽 섭섭해시믄 어진이 아방이……"

동네 삼춘들은 말을 잊지 못하고 깊은 한숨만 내쉬었다. 심방의 서글픈 영계울림(영혼의 의사를 심방이 대신해서 울음으로 전하는 굿의 형태)이 계속되었다.

"어머니, 나 칭원이우다. 어진이 어멍, 아비 어신 자식 키우멍, 서방 어신 시어멍 잘 모셔주는 것만도 한없이 고마운디, 경 목숨 끊어져브난 세상이 너무 야속험다. 이제 늙은 어멍 혼자 어떤 손지 키우멍 살 거우꽈? 사뭇 걱정 되엉 와수다마는 경해도 우리 어진이 어멍 나한티 와시난 이젠 손잡앙 갈 데로 가쿠다. 어머니, 부디 건강하시곡 우리 어진이, 우리 어진이…"

"아고, 칭원아! 아고 어진이 어멍아! 어엉 어엉……"

숨을 죽이며 울던 어진이 할망의 통곡 소리가 점점 높아져갔다.

"댕댕 댕댕댕……"

심방의 석살림굿(귀신과 사람이 모든 원한을 풀고 함께 어울려 노는 굿의 형태)이 시작되었다.

"죄 없는 총살로 부모 잃어불곡, 자식이 눈앞에서 쓰러지는 걸 눈 번쩍 떵 다 봐시난 어떵 애통 터정 세상을 살아질 거우꽈? 사는 게 사는 거우꽈? 그걸 다 겪어도 그 동안 억울허댄 입 한 번 마음껏 열지 못허여수다. 우리가 무슨 죄우꽈? 저 어린 것들이 무슨 죄우꽈?"

동네 삼춘들도 땅을 치며 통곡을 쏟아내었다.

"꽹 꽹 꽹 꽹 꽹……."

통곡보다 더 큰 연물(굿에서 연주하는 악기. 징, 북, 장구, 설쇠) 소리가 동네 삼춘들의 통곡을 깊숙이 숨겨주었다.

"아고, 설룬 영혼님들, 이제랑 펜안히 가십서."

"놀렌 아이들도 정신 차리게 허여줍서."

겁에 질린 순이 눈물도 그제야 쏟아져 나왔다. 순이는 따뜻한 아버지 품속에서 마음 놓고 꺼이꺼이 울었다. 저물어가는 바다 위로 달이 떠오르기 시작했다.

루루의 유리구슬

—

김 정 배

서귀포 신인문학상과 아동문학평론 신인상을 수상하고,
동화를 쓰고 있습니다.
창작동화집 《할머니의 테왁》,
그림동화 《꽃밥》을 썼습니다.

루루의 유리구슬

이사 온 첫날이었다.

전에 복숭아 과수원 관리인이 살던 집이라고 했는데, 한동안 사람이 살지 않으면서 전기를 끊어버린 모양이다. 아빠가 한전에 다시 이어달라고 접수를 했는데도 공사가 늦어져 임시로 촛불을 켜야 했다.

엄마가 내 방에 와서 같이 자겠다고 했지만, 나는 혼자 자겠다고 고집을 부렸다. 휠체어를 타야 하는 내 쓸쓸한 마음을 엄마에게 보이고 싶지 않았다.

엄마가 방 청소는 깨끗하게 했지만, 훤한 전깃불에 살다가 시골 외딴집에 촛불을 켜고 앉아 있으니 더 울적해졌다. 내 마음 깊은 곳에 꽉 차 있던 울음이 폭포처럼 쏟아질 것 같았다.

"엄마! 전기는 언제 이어준대요?"

"그렇지 않아도 독촉해 두었다. 태풍 피해로 급한 것들이 밀려서 못하고 있는데 이삼일 내로 이어주신다더라. 그때까지만 불

편해도 참아보자."

"꼭 도깨비가 나올 것 같잖아."

비바람에 나뭇가지가 꺾이어 나뒹구는 모습이 어수선하기도 했지만, 나는 괜히 짜증을 내고 싶어서 그렇게 말했다.

"엄마랑 같이 자면 좋으련만."

엄마가 내 방문을 열고 잠시 서 있다가 가며 말했다. 내가 다리를 다친 후부터는 자주 짜증이 났다.

엄마가 가고 나자 붙박이식 벽장문이 스르르 열리며 번쩍하는 것 같더니 남자아이가 툭 튀어나왔다.

너무나 삽시간에 일어난 일이라 나는 몸이 얼음처럼 굳어버려 엄마를 부르지도 못했다.

"너, 너, 넌 누구니?"

겨우 입을 떼서 말했다.

"난, 도깨비 루루야. 요오기 팽나무 둥치 구멍에 살아. 태풍에 내
  가 사는 나무가 부러져버려서 이곳에 잠시 와 있었는데 내가
  있는 것을 어떻게 알았어?"

"도깨비라고?"

내가 그냥 해 본 소리를 루루라는 도깨비는 자기가 있는 것을
알고 말한 줄 아는 모양이었다.

그 애는 내 휠체어에 잠시 눈을 머물고 나서 다시 말을 시작
했다.

"너는 왜 이런 낡은 집에 이사 온 거야? 사람들은 전기가 있는
  곳에 살던데."

"저, 전기. 이어준댔어."

나는 그때까지도 놀란 마음이 가시지 않아 더듬거렸다.

"뭐! 이 집에도 전기 괴물이 들어온다고?"

루루라는 도깨비가 화들짝 놀라며 말했다.

"전기 괴물?"

전기를 괴물이라고 말하는 것은 처음 들어보았다.

"그래 전기 괴물. 우린 전기 빛을 몸에 쬐면 사라져 버려. 사람들 말로는 죽는다고 하지. 우리 엄마도 전기 괴물 때문에 사라져 버렸어."

그렇게 말하는 루루는 무서운 생각이 들었던지 덜덜 떨었다. 그 모습을 보자 도깨비라는 것도 잊고, 전학 오기 전에 짝꿍이었던 찬우 같은 느낌이 들었다.

찬우는 병문안 왔을 때 내 다리를 보더니 루루처럼 놀란 표정을 지었다. 내가 다리를 다치자 우리 엄마 아빠 다음으로 나를 걱정해 준 아이다.

"연우, 너는 내가 업고 다닐 거야. 걱정하지 마. 봐봐. 연우, 찬우. 너하고 나하고 이름에도 우정할 때 우가 들어가 있잖아."

찬우는 병문안 와서 너스레를 떨기도 했다.

그런 찬우한테도 이사 간다는 말을 못 하고 왔다. 마치 도망이라도 치듯이 서둘러 이곳으로 왔기 때문이다. 값이 나갈만한 물건에는 모두 빨간 딱지가 붙어서 이삿짐은 간단했다.

내가 병원에 입원해 있을 때 토요일과 일요일 날은 한 번도 빠짐없이 왔던 찬우였는데.

'찬우는 잘 있을까?'

루루를 보자, 찬우가 나를 보고 싶어서 도깨비로 변신해서 온 것은 아닐까 하는 생각이 들었다.

"넌, 언제부터 여기 살았어?"

나는 혹시 루루가 정말 찬우가 아닐까 궁금해서 물었다.

"우리 할아버지 때는 궁궐이 있는 도시에 살았는데 전기 괴물이 들어오는 바람에 산으로 들어왔어. 우리 할아버지는 도깨비 나라에서 임금의 어보도 만든 분이셔."

"어보가 뭔데?"

"임금이나 왕비가 사용하는 도장을 그렇게 부른대."

"그래?"

나는 놀랐던 마음이 조금씩 가라앉기 시작했다. 루루는 내가 마음이 놓인다는 것을 눈치 챘는지 또 물었다.

"네 얘기도 좀 해 봐. 이렇게 허름한 집으로 이사 오게 된 데는 무슨 사연이 있을 것 같은데."

루루가 제법 어른스럽게 말했다.

"그래, 말해 줄게. 나는 여기로 오기 전에 도시에 있는 초등학교에 다녔어. 달리기를 잘해서 5학년에서는 내가 유일하게 학교 대표로 나가기도 했고 말이야."

나는 여기까지 말하고 이제는 움직일 수 없는 내 다리를 쳐다봤다.

"그런데 다리는 왜 그래?"

루루는 눈치도 없이 내 아픈 곳을 찔렀다. 그래도 밉다는 생각은 들지 않았다. 표정은 찬우가 나를 바라보는 것과 비슷했으니까. 나는 찬우한테 말하듯이 자연스럽게 루루에게 내가 다치게 된 얘기를 해 줄 수 있었다.

"등교할 때였어. 내 앞에 과일을 싣고 가던 할머니 손수레가 기우뚱 하는 바람에 사과 몇 개가 떨어지는 거야. 사과는 찻길 쪽으로 굴러갔어.

'아유! 이걸 어째.'

할머니는 사과를 향해 찻길로 뒤뚱뒤뚱 달려갔어. 할머니 눈에는 달려오는 차는 안 보이고 굴러간 사과만 보였나 봐.

나는 잠깐 망설이기는 했지만, 날쌘 동작으로 달려가 할머니를 인도 쪽으로 밀쳤지. 하지만, 내 다리는 미처 빠져나오지 못하고 차바퀴에 깔렸어."

내가 이 말을 할 때는 루루 눈에서 반짝 빛이 났다.

"입원해 있다가 퇴원하고 집에 와보니 또 엄청난 일이 벌어져 있는 거야. 아빠 친구가 아빠한테 사기를 치고 도망가 버린 거야. 그래서 우리는 이곳으로 이사 오게 되었어."

"그랬구나. 참 안됐다."

내 얘기를 듣고 있던 루루가 손등으로 눈을 꾹꾹 눌렀다. 찬우도 처음 병문안 온 날 그랬었다. 아니, 찬우는 훌쩍훌쩍 소리까지 내며 울기도 했다.

'도깨비도 눈물을 흘리나보다.'

눈물을 훔치는 루루를 보면서 엉뚱하게도 이런 생각을 하고 있을 때였다.

"전기 괴물, 아니 전기를 며칠만 더 있다가 이으면 안 되겠니? 내가 뭐 좀 생각하는 게 있어서 말이야."

루루 표정이 너무나 심각해서 나는 엄마한테 여쭤보지도 않고 그러겠다고 대답해버렸다.

루루는 다시 오겠다고 하더니 번쩍하고는 사라져 버렸다. 기다렸지만, 다음 날도 또 다음 날도 오지 않았다.

밖에 나갔다 들어온 아빠가 기쁜 표정으로 말했다.

"연우야, 내일 전기 이어주겠다는구나. 한전에 찾아가서 부탁하고 왔지. 빨리 좀 해달라고."

아빠 말에 엄마는 무척 좋아했지만, 나는 좋아할 수가 없었다. 루루가 전기 이으는 것을 며칠 미뤄달라고 하고는 안 왔기 때문이다.

"아빠 근데, 전기 조금만 더 있다 이으면 안 돼? 난 지금은 촛불이 좋은데. 마음도 안정되고."

나는 루루와의 약속 때문에 둘러댔다.

"그래? 전기 이어도 전등을 안 켜고 촛불을 켜면 되잖아. 여름이라 냉장고도 필요하고 밥통도 필요하고 해서 전기는 하루빨리 들어와야 해."

내 말에 엄마가 나섰다. 엄마를 말릴 방법은 없을 것 같았다. 내가 도깨비 친구와 만나기 위해서라면, 엄마는 나를 이상하게 생각할지도 모르기 때문이다.

나는 마음이 급해졌다.

다행히 그날 저녁 루루가 반딧불이처럼 공중을 날아 내 방으로 들어왔다.

나는 내일 우리 집에 전기가 들어올 거라고 말했다.

"그렇겠지, 사람들이 사는 곳에는 꼭 전기 괴물이 따라 들어오
더라고. 이것을 찾느라고 늦었어."

루루가 꼭 쥐고 있던 손바닥을 펴 보이며 말했다. 손에는 하얀
유리구슬 한 개가 있었다.

"구슬이잖아."

"그래, 이건 그냥 구슬이 아니야."

루루가 조금 뽐내는 투로 말했다.

"우리 집 얘기해줄게. 도깨비 나라가 아주 번창할 때 우리 할아
버지는 옥장이었다고 하더라고. 넌, 옥장이 뭔지 모르지?"

"응."

"내가 말한 적이 있잖아. 우리 할아버지는 임금님이 사용하는
도장을 만든 적이 있었다고. 옥을 아주 잘 다루어서 세공 명장
이라 불렀대."

"그랬구나."

내가 고개를 끄덕여 주자 루루는 말을 계속 이어나갔다.

"우리 할아버지가 거북 모양으로 어보를 만들고 임금님께 갖다
바쳤더니 흡족해 하시면서 선물을 주셨대. 유리구슬 세 개를."

"애개개. 고작, 유리구슬 세 개?"

"그건 그냥 유리구슬이 아니라니까. 바꿔치기를 할 수 있는 구
슬이지. 임금님한테서만 받을 수 있는 대단한 물건이야. 하나
를 딱 한 번씩만 사용할 수 있지만."

"바꿔치기할 수 있는 구슬?"

난, 굉장한 일이 벌어질 것 같은 느낌이 들었다.

"우리 할아버지는 막걸리를 엄청 좋아하셨대. 그래서 사람들이
잠들고 나면 막걸리를 얻으러 마을로 내려가셨다는 거야. 다른
집은 모두 문을 꼭꼭 걸어 잠가서 들어갈 수가 없었는데, 한 집
만 문을 잠그지 않아서 매일 그 집에서 막걸리를 얻어왔대. 하
루는 마침 그 집, 돼지가 새끼를 낳으려고 하고 있더래. 할아버
지는 막걸리 값을 갚고 싶어서 구슬 한 개를 사용해서 돼지를
소로 바꿔치기하는 데 사용하였다는 거야. 바꿔치기는 일대일
로밖에 안 되거든. 임신한 돼지는 소가 되어서 송아지 일곱 마
리를 낳았다는 거야. 그날 저녁에."

"와! 정말 신기하다."

"남은 유리구슬 두 개도 궁금하지?"

"응, 어쨌는데?"

나는 오랜만에 두 눈을 번쩍였다.

"할아버지는 유리구슬 두 개를 우리 아빠한테 물려 주셨어. 그
래서 아빠가 갖고 다니셨지. 우리 엄마는 전기 괴물 빛에 맞아
돌아가셨다고 내가 말했었지? 그래서 아빠하고 둘이서만 살았
거든. 아빠는 그날따라 유리구슬 하나를 내게 주시며 사용 방
법을 일러주시고는 사람들이 사는 마을에 볼 일이 있다며 가셨
어. 하필 아빠가 가고 나서 얼마 지나지 않아 산불이 난 거야.
불길이 나를 향해 혀를 날름거리며 달려오는 거야. 너무 무서
웠어. 난, 유리구슬을 만지작거리면서도 어떻게 해야 좋을지 생

각이 안 났어. 그러다 그만 정신을 잃고 말았어."

"아아! 어떡해!"

나는 내가 다쳤을 때가 생각나 몸서리가 쳐졌다. 루루는 좀 전보다 더 슬픈 표정으로 얘기를 계속했다.

"정신을 깨어보니, 나는 사람들이 사는 마을에 서 있더라고. 아빠는 그 후로 본 적이 없어. 아빠는 나와 아빠가 있던 자리를 서로 바꿔치기한 것 같아."

여기까지 말한 루루는 눈물을 쓱 닦아냈다.

"내가 갖고 있는 구슬을 언제 사용할까 고민했는데 이제 사용할 때가 온 것 같아. 네 다리와 내 다리를 바꿔치기하는 거야. 나는 다리가 없어도 얼마든지 날아다닐 수 있거든."

"네 다리와 내 다리를!"

내가 놀라 뭐라 할 새도 없이 루루는 손에 쥐고 있던 유리구슬을 두 손바닥 사이에 넣고 빙글빙글 돌리며 주문을 외웠다.

"아리바리 어리바리 아리어리바리 얍!"

루루의 주문이 시작되자 내 몸도 삼백육십 도로 뱅글뱅글 도는 것 같더니 나는 그만 정신을 잃고 말았다.

내가 깨어난 곳은 병원이었다. 엄마가 걱정스레 나를 바라보고 계셨다. 쿵 하는 소리에 달려와 보니 내가 정신을 잃고 휠체어에서 떨어져 있었다고 했다.

나는 루루와 만났던 날의 기억을 떠올려 보았다.

'네 다리와 내 다리를 바꿔치기하는 거야.'

엄마가 잠깐 병실을 나간 틈을 타서 발을 조심스레 바닥에 내려

놓았다. 그리고는 조금씩 엉덩이를 들어보았다.

"와! 설 수 있어."

나는 꿈인가 해서 얼굴을 꼬집어보았다. 분명히 아팠다. 한 발짝 두 발짝 앞으로 걸음을 옮겨 보았다. 걸을 수도 있었다.

"연우야!"

그때 밖에 나갔던 엄마가 들어와서는 너무 놀라 내 이름만 부르고는 아무 말도 못 했다. 뒤이어 들어온 의사 선생님도 놀라기는 마찬가지였다.

"참, 이상한 일이네."

의사 선생님도 믿기지 않는 듯 중얼거렸다.

엄마는 기적이라고 했지만, 나는 알고 있었다. 루루, 루루가 한 일이라는 것을.

'루루야, 고마워.'

무지개 사다리
타 봤니

—

김정숙

- 《해동문학》〈한라짱 몽생이〉 등단.
- 작품 〈나는 초록별〉, 〈빨간 모자에 별꽃을〉, 〈문풍지가 된
  삼돌이〉, 〈끼룩이와 짹순이〉, 〈겨울바다 멋쟁이〉 등.
- 동화집 《물결아줌마 치맛자락》.
- 동화 구연 지도사.

무지개 사다리 타 봤니

하늘궁전에 칠 공주는 만나기만 하면 서로 잘났다고 싸웠어요.
하늘의 임금님은 몹시 화가 나서 마법의 신에게 명령을 내렸어요.

"땅으로 내려가라. 칠 공주를 사람이 아닌 모습으로 변신시켜
아름다운 마을을 꾸미게 하라."

칠 공주는 울음을 터뜨리며 용서를 빌었지만 소용이 없었어요.
크레파스로 변신한 칠 공주는 마법의 상자를 타고 바다 섬으로 내
려왔어요.

"오늘 밤 자정이 조금 지나면 요걸로 칠 공주님을 변신시켜 드
리겠습니다."

마법의 신은 뿅 망치를 흔들어 보이며 말했어요.

칠 공주는 마을 사람 모두가 잠든 시간이 되어야만 사람의 모습
으로 되돌아갈 수 있어요. 그리고는 투명인간으로 변신하게 되지
요. 드디어 밤 12시가 가까워지자, 구름 속에 숨었던 달님이 하얀
모래밭을 환하게 비췄어요.

칠 공주 중에 맏언니가 먼저 일어섰어요. 빨간 드레스를 길게 늘어뜨리고 모래밭 가운데로 걸어 나갔어요.

"우와! 정말 아름다워요!"

모두가 빨강공주에게 박수를 보냈어요. 빨강공주는 머리에 꽂은 거베라꽃을 만지며 말했어요.

"요 꽃이 될까? 아니면 피라칸다 열매?"

공주들은 빨강공주를 부러운 눈으로 쳐다봤어요.

마법의 신은 진지한 모습으로 빨강공주에게 말했어요.

"원하는 대로 자유롭게 변신할 수 있습니다. 다만 꽃이 되면 그 꽃의 생명이 다할 때까지 공주님은 꽃이어야 합니다."

이어서 둘째 공주가 모래밭을 빙그르 돌았어요. 주황 원피스 끝자락이 동그랗게 퍼졌어요. 공주 얼굴에는 따뜻한 미소가 가득했어요.

이번에는 노랑블라우스에 짤막한 미니스커트를 입은 셋째 공주가 사뿐사뿐 걸어 나갔어요.

"노랑공주는 언제 봐도 밝아서 좋아. 그래, 너는 뭐가 되고 싶니?"

빨강공주가 물었어요.

"노랑나비요."

노랑공주가 방긋방긋 웃으며 인사할 때마다 머리에 꽂은 유채꽃에서 노란 향기가 났어요.

다음에는 초록원피스를 입은 넷째 공주가 인사를 했어요.

"호호, 저는 초록 잎이 되고 싶어요."

모두가 초록공주를 쳐다보며 고개를 끄덕였어요.

소매 끝에 파랑레이스를 하늘하늘 날리며 다섯째 공주가 뛰어나갔어요. 파랑공주는 어깨에 걸친 망토를 높이 쳐들며 말했어요.

"휘익, 찌릭 찌리릭! 저는 여러분의 희망, 파랑새가 되고 싶어요."

파랑공주의 귀여운 몸짓과 말투는 모두를 즐겁게 해 줬어요. 하늘궁전에서처럼 파랑공주의 인기는 여전했어요.

여섯째 공주는 남색드레스를 살짝 치켜 올리고 보라원피스를 입은 막내의 손을 잡고 조심조심 걸어 나갔어요.

"아유, 남색공주랑 막내는 뭘 입어도 예쁘구나."

공주들은 남색공주와 보라공주를 칭찬해줬어요.

푸른 아침이 기지개를 켜자, 칠 공주는 산마을로 갔어요. 모두가 자신의 색깔에 맞는 일을 찾아 나서기로 했어요.

"무슨 나무지?"

초록공주는 설레는 마음으로 풀 향기를 내뿜는 나무에게로 다가갔어요.

"공주님, 이 나무는 감귤나무입니다. 꽃샘바람 부는 요즘에는 묵은 잎사귀가 떨어지고 새 잎사귀가 한창 돋을 때랍니다."

"그럼, 이 나무에 초록 잎사귀가 되고 싶어."

초록공주의 말이 끝나자마자 마법의 신은 뿅 망치로 초록공주의 손바닥을 툭 쳤어요. 그러자 초록공주는 잎사귀 나라 주인이 되었어요.

마법의 신이 초록공주에게 물었어요.

"공주님, 어떠세요?"

"정말 신기해, 새싹들이 어긋나게 돋았어. 그것도 일정한 간격
으로."

"하하하, 서로 돕는 마음에서죠. 잎사귀가 다른 잎사귀를 가리
면 해님을 볼 수 없잖아요."

초록공주는 잎사귀가 된 자신이 무척 자랑스러웠어요.

동그란 달님이 점점 작아졌다가 다시 동그랗게 되기를 몇 번 반
복하는 동안, 어느덧 마을은 초록빛이 짙어졌어요. 초록 잎도 어린
새싹에서 다 큰 잎사귀로 자랐지요. 잎사귀 가장자리는 톱니처럼
뾰족뾰족했지만 부드러운 물결모양으로 커갔어요. 가지마다 하얗
게 핀 꽃을 볼 때마다 초록공주는 기뻤어요.

마법의 신이 주황공주에게 다가갔어요.

"여기 호박꽃을 보세요. 꽃도 예쁘지만 탐스런 열매를 맺는답니
다."

주황공주는 문득, 하늘궁전 어머니가 아침 식탁에서 날마다 하
시던 말씀이 생각났어요.

'어떤 열매든 사랑 없이는 아름다운 열매를 맺을 수 없단다.'

주황공주는 마법의 신에게 감귤나무 열매가 되고 싶다고 말했
어요. 마법의 신이 주황공주 머리를 뿅 망치로 툭 쳤어요.

"공주님, 지금은 초록열매지만 머잖아 주황열매로 맺을 것입니

다."

"어머, 내 몸에서 퐁, 퐁, 퐁, 샘솟는 소리가 들려."

"하하하."

마법의 신은 큰소리로 웃었어요.

보라공주도 하늘궁전 벽에 걸려 있는 포도열매를 떠올리며 빙그레 웃었어요.

주황공주가 초록공주에게 물었어요.

"넌 뭘 하니?"

"언니, 잎사귀에서 콩, 콩 뛰는 맥박 소리 들어봐."

초록잎사귀 곁으로 몸을 기울이던 주황공주가 화들짝 놀랐어요.

"어머, 초록벌레가 잎사귀를 몰래 뜯고 있어."

"호호, 괜찮아. 좀 있으면 번데기 집을 짓고 그 안에서 꿈을 꾸며 잠들 거야."

"무슨 꿈?"

"날개를 펼치며 날아오르는 꿈."

초록공주랑 주황공주는 온갖 풀벌레 소리를 들으며 생각나무의 꿈을 함께 키워갔어요.

마법의 신이 파랑공주를 불렀어요.

"빨강공주님이 보이지 않는 걸 보면 아무래도 마을을 떠난 것 같습니다. 빨강공주님을 찾아 주세요."

파랑공주는 고개를 살래살래 저었어요.

"마법의 신이 못 찾는 걸 내가 어떻게 찾지?"

"나는 마법의 신이지만 내 자신에게는 마법을 걸 수가 없답니다."

마법의 신은 뿅 망치로 파랑공주 어깨를 툭 쳤어요. 그러자 파랑공주는 원했던 대로 파랑새가 되었어요.

"바다섬을 날다 보면 어딘가에 빨강공주님이 보일 겁니다."

파랑공주는 힘차게 날개를 펼쳤어요. 첫째 날갯깃 가운데 코발트색 무늬가 하늘로 올라갔어요.

파랑공주는 모래밭에서 빨강공주가 했던 말을 떠올렸어요.

"피라칸다 열매…?"

파랑공주는 빨간 열매가 방울방울 달린 나무 가까이에 날아갔어요.

"깍! 까악!"

까만 새가 파랑새를 꾸짖었어요.

"흥! 누가 텃새 아니랄까 봐."

파랑공주는 푸드덕 날아 빨간 꽃이 예쁘게 핀 꽃밭으로 날아갔어요.

"붕, 붕, 붕! 침을 쏠 테다!"

이번에는 꿀벌이 파랑새를 공격했어요.

깜짝 놀란 파랑공주는 얼른 도망쳤어요.

'이상하다. 노랑언니도 안 보이네? 노랑나비가 되고 싶다더니 꽃밭에도 없고….'

파랑공주가 호랑나비에게 물었어요.

"노랑나비 못 봤니?"

"바람가마 타고 어디론가 떠났는데요."

"어머, 어떡해."

파랑공주 마음은 노랑공주를 찾고 싶었어요. 하지만 빨강공주를 찾는 게 우선이었어요. 몇날 며칠을 찾아다녔지만 허탕 치고 마을 숲으로 돌아가곤 했어요.

그러던 어느 날, 이달촛대오름 꼭대기에 앉아 있는 빨강공주를 발견했어요.

"언니이!"

"호호, 네가 찾아올 줄 알았어. 그렇잖아도 남색공주가 궁금했거든"

"치, 언닌 남색공주만 궁금했어?"

빨강공주가 파랑공주를 달래면서 말했어요.

"파랑공주야, 너는 나랑 보랏빛도 만들고, 노랑공주 만나면 초록빛을 만들며 즐겁게 지내잖니. 그런데 남색공주는 심심할 거야. 남색공주를 데리고 여기 이달촛대오름으로 오렴, 내가 꼭 보여줄 게 있어."

파랑공주는 마을로 갔어요. 마법의 신이 빨강공주를 찾았냐고 물어도 못 들은 척했어요. 남색공주가 있을 만한 곳으로 날아갔어요. 야트막한 마을에 있는 아주 조그만 학교였어요.

남색공주는 교실 안을 유심히 들여다보고 있었어요. 파랑공주는 조용히 나뭇가지에 내려앉았어요.

교실 안에는 아이들이 빙 둘러앉아 그림을 그리고 있었어요.

"노란 개나리, 노랑나비, 노란 병아리…, 모두가 노랑이야."

남색공주는 노란색크레파스가 부러운 듯 중얼거렸어요.

아이들은 자기가 칠하고 싶은 색깔의 크레파스를 손에 쥐고 열심히 스케치북에 뭔가를 그려놓고 있어요.

남색공주는 창가에 올라 교실 안을 살펴봤어요. 크레파스 상자에는 남색크레파스만 덩그러니 남아 있었어요. 눈치 빠른 파랑공주가 나뭇잎 몇 개를 남색공주 머리 위로 떨어뜨렸어요. 이상하게 생각한 남색공주가 나무 위를 쳐다보았어요.

"나야, 파랑공주. 빨강공주 언니가 널 데리고 오래. 꼭 보여줄 게 있대."

"무슨 일이지? 뭘 보여준다는 걸까."

남색공주는 고개를 갸우뚱거리면서, 아이들이 그림을 마무리할 때까지 지켜보기로 했어요.

"댕, 댕, 댕."

종이 울리자 아이들은 운동장 밖으로 뛰어나갔어요. 영심이가 잔디에 앉으며 아이들을 불러 모았어요.

"애들아, 말 잇기 놀이하자. 우리 중에 너만 뭐, 뭐, 뭐…로 시작!"

아디들은 저마다 한마디씩 했어요.

"우리 중에 너만 치마 입었어."

"우리 중에 너만 머리가 길어."

"우리 중에 너만 개천에 살아."

태복이가 순이를 가리키며 말했어요. 순이는 손가락만 만지작거릴 뿐 아무 말도 하지 않았어요. 그 모습을 지켜본 남색공주는 안타까운 생각이 들었어요.

운동장에서 실컷 뛰놀던 아이들이 교실에 들어오자, 선생님이 스케치북을 들어 올리며 말했어요.

"여러분이 그린 크레파스마을이에요."

"우와! 크레파스마을이 너무 예뻐요."

"크레파스마을에서 살고 싶어요."

선생님이 뭔가 부족하다는 표정을 지으며 말했어요.

"더 그려 놓고 싶은 어린이 있으면 나와 보세요."

바로 그때, 순이가 남색크레파스를 손에 쥐고 스케치북으로 다가갔어요. 모두의 시선이 순이에게 향했어요.

스케치북에 남색크레파스가 왔다 갔다 하는데 아이들이 외쳤어요.

"선생님! 엉터리 그림을 그리고 있어요."

"크레파스마을이 더러워졌어요."

선생님이 쉿, 하자 떠들던 아이들이 조용해졌어요.

"여러분은 저마다의 색깔로 그리고 싶은 그림을 그렸어요. 선생님은 순이도 자기 생각을 그림으로 표현해주길 기다렸어요."

얼마 후, 그림 속 크레파스마을에 냇물이 그려졌어요. 냇물은 꽃밭을 지나 포도나무 사이를 흐르고 있어요. 아이들은 모두 놀란 눈으로 쳐다봤어요.

선생님은 흡족한 듯 미소 지으며 혼잣말로 중얼거렸어요.

"흐르는 것이 없는 세상이란 있을 수 없지…."

아이들은 선생님의 말을 이해할 수 없다는 듯 고개를 갸우뚱했어요.

"여러분, 그림 속에 냇물을 바라보니까 어때요?"

선생님이 묻자, 아이들이 큰 소리로 대답했어요.

"졸졸 노래하며 흐르는 것 같아요!"

남색공주는 가슴이 뭉클했어요.

남색공주는 파랑공주를 따라 이달촛대오름으로 갔어요. 오름에 오르자 빨강공주가 손을 높이 흔들며 반갑게 맞이해주었어요.

"어서 와, 저기 바다를 봐. 하늘을 품은 남색 물결을 보면서 너를 생각했어."

'하늘을 품은 남색 물결'이라는 말을 듣는 순간, 남색공주는 가슴속에 기쁨의 물결이 출렁였어요.

그때였어요. 바다와 하늘이 맞닿은 수평선에 뭔가 짠하게 나타났어요.

"우와! 저길 봐!"

"어머! 빨, 주, 노, 초, 파, 남, 보!"

"신기해, 우리 칠 공주 색깔이다. 그치?"

"그래, 분명 무슨 뜻이 있을 거야."

빨강공주는 들뜬 마음으로 후다닥 이달촛대오름을 내려왔어요. 헉헉 숨차게 뛰어 마을로 달려갔어요.

"마법! 마법!"

빨강공주는 숨을 헐떡이며 마법의 신을 불렀어요.

"아이고, 공주님, 어디를 돌아다니십니까."

"무지개 사다리를 봤어. 하늘궁전에서 보낸 거 맞지? 무지개사
　다리 타고 오라고."

"보셨군요. 역시 빨강공주님의 열정은 대단하십니다. 공주님, 임
　금님의 뜻이 무지개에 담겨 있습니다."

빨강공주는 남색공주와 머리를 맞대고 생각했어요.

"하늘궁전 아버지의 뜻이 뭘까?"

파랑공주가 날개를 파닥이며 콧노래로 답했어요.

"휘익, 찌릭. 우리 모두 크레파스로 변신해요."

"좋은 생각이야. 일단 모두 한자리에 모여 의논하자."

며칠 후, 칠 공주는 크레파스상자에 모두 모였어요. 마을을 어떻
게 아름답게 만들까, 회의를 열었어요. 남색공주가 차분하게 말했
어요.

"아이들이 만드는 크레파스마을 어때요? 우리가 할 수 있는 건
　아이들이 무지개 색깔을 보며 풍요롭게 꿈을 키워나갈 수 있도
　록 도와주는 거예요."

파랑공주도 한마디 했어요.

"아이들은 천진해서 누구나 한 번쯤은 무지개 사다리를 타 볼 거
　예요."

빨강공주가 고개를 끄덕이며 말했어요.

"그래, 그거야. 하늘궁전 아버지의 뜻!"

남색공주는 지금까지 학교에서 아이들과 생활한 이야기를 공주들에게 들려주었어요. 아이들이 스케치북에 그렸던 아름다운 크레파스마을 이야기도 했어요. 순이 이야기를 듣고 모두가 눈물을 글썽였어요.

자정이 되자 칠 공주는 학교로 갔어요. 칠 공주는 자기만의 색깔에 소망을 담아 학교 벽을 예쁘게 칠했어요. 벽에는 아름다운 무지개 사다리가 그려졌어요. 칠 공주는 벽에 대고 조용히 속삭였어요.

"얘들아, 아름다운 무지개 사다리를 타보렴! 아름다운 꿈이 피어날 거야!"

모두가 잠든 밤, 칠 공주는 크레파스마을을 떠났어요. 일곱 빛깔무지개 사다리를 타고.

어쩔래?

김 정 애

- 2001년 《한국교육신문》 주최 문학공모전 단편소설 당
  선, 교원문학상 수상.
- 2004년 《아동문학평론》 동화 신인문학상 수상.
- 장편동화 《형제는 함께 달리는 거야》.
- 동화집 《괜찮아 열두 살일 뿐이야》, 《기억을 팝니다》.

어쩔2H?

"아이고 이를 어째. 고모가 갑자기 편찮으시다고 하네."

엄마가 걱정스러운 얼굴로 나를 보았다. 나는 애써 엄마를 못 본 척 못들은 척 무표정한 얼굴로 체육복을 입고 대문을 나섰다.

엄마는 대문까지 따라 나와 내 눈치를 살폈다.

"정말로 괜찮겠니?"

"괜찮지 그럼."

나는 퉁명스럽게 쏘아붙이고는 집을 나섰다.

마음속이 부글부글 끓어오르는 것 같아서 공연히 땅바닥을 툭툭 차면서 걸었다.

엄마는 다른 엄마들처럼 직장을 다니는 것도 아니고 그렇다고 바쁜 일이 있는 것도 아니다.

그러나 운동회에 오지 않겠다는 것이다. 엄마가 몸이 아프다는 것은 순전히 핑계라는 걸 나는 알고 있다. 시골에 살 때만 해도 엄마는 다른 엄마들처럼 학교 행사 때마다 참석을 해서 나를 응원해

주셨다.

"아이고, 내 보물. 요렇게 예쁜 딸이 어디서 나왔노. 우리 딸 쑥
쑥 잘도 큰다."

시도 때도 없이 이렇게 말하며 나를 예뻐해 주시던 엄마가 도시
로 이사 온 다음부터 변했다. 공개수업 때는 4학년이니까 이젠 엄
마가 안 따라다녀도 된다며 안 오셨다. 운동회는 고모에게 부탁했
는데 그것마저 뜻대로 되지 않을 모양이다. 아빠 역시 직장일이 바
빠서 오실 형편이 못 된다.

'학부모 공개수업이나 운동회 같은 건 왜 하는지 몰라.'

'경기는 왜 꼭 부모님과 같이 해야 하는 거야?'

나는 마음이 상해서 혼자 투덜거리면서 학교로 향하였다.

학년마다 학부모가 참여하는 경기가 있었는데 달리기가 문제
였다. 엄마 다리와 내 다리를 묶고 달려가는 경기였기 때문이다.

다른 엄마들처럼 경기에 같이 참여해주지 못하는 엄마가 짜증
이 나고 원망스럽다. 왜 하필 우리 엄마는 남보다 작은 사람일까?

시골학교에서 내 별명은 백설공주였다.

별명치고는 참 예쁜 별명이다. 살결은 눈같이 희고 발그레한 볼
에 크고 반짝거리는 눈을 가진 여자애였으면 얼마나 환상적인 별
명이었을까? 거무튀튀한 살결에 눈은 단추 구멍만 하고 볼에는 주
근깨가 송송 박힌 나와는 아무리 생각해도 어울리지 않는다. 흑설
공주라면 모를까.

그렇지만 아이들은 나에게 그런 별명을 붙였다. 이유는 우리 엄
마는 키가 일 미터 조금 넘을 뿐인 아주 작은 사람이기 때문이다.

엄마의 키는 내가 일학년 때 키랑 똑같다. 열한 살이 된 지금 나는 엄마보다도 훨씬 키가 커버렸다. 그래서 일곱 난쟁이와 함께 사는 백설 공주 같이 보인다는 것이다.

엄마랑 손을 잡고 걸어가는 나를 보고 남자애가 뒤에서 수군거렸다.

"애들아, 봐봐. 나나는 백설 공주 맞지?"

그때 나는 아이들이 뒤에서 나를 백설 공주라고 부른다는 걸 알았다.

나는 뒤돌아서서 고래고래 소리를 질렀다.

"그래, 우리 엄마는 숏다리고 나는 백설 공주다. 어쩔래?"

"아, 알았어. 알았다고."

남자애는 혀를 낼름 내밀고는 부리나케 도망가 버렸다.

나는 주먹을 불끈 쥐고 소리쳤다.

"다시 그랬다가는 가만두지 않을 거야."

엄마는 그런 나의 등을 두드려주며 위로를 해주었다.

"잘했어. 그렇게 기죽지 말고 씩씩하게 사는 거야."

시골 작은 마을에서는 우리 엄마가 난쟁이라는 걸 모르는 사람이 없다. 그래서 숨길 필요가 없었다. 엄마는 씩씩하게 학교에도 오시곤 했다. 나는 누가 놀리거나 흉을 볼 때마다 적을 만나면 잔뜩 몸을 부풀려서 위협을 하는 동물들처럼 독한 척했다.

아마 지금 우리 반 친구들도 엄마를 보면 난쟁이라고 나를 놀려 댈 게 뻔하다. 만약에 운동회 때 엄마가 온다고 했으면 나는 오지 말라고 했을지도 모른다. 자꾸만 시골 학교 생각이 났다. 가끔 놀림을 받아도 시골 아이들과는 그런대로 괜찮게 지냈다.

하지만 지금은 솔직히 예전처럼 독한 척하며 이겨낼 자신이 없었다.

'차라리 잘됐지 뭐.'

그래도 한쪽으로는 서운한 마음이 드는 걸 어쩔 수가 없었다.

예쁘게 차려입은 엄마들이 아이들 주변으로 몰려들었다. 친구들은 저마다 오랜만에 보는 것처럼 엄마를 반겼다. 어떤 친구는 달려가서 엄마 품에 안기기도 하였다. 그런 모습을 보자니 자꾸 엄마가 나를 사랑하지 않는 것 같은 기분이 들었다.

엄마가 오지 말았으면 하는 마음과 엄마가 왔으면 하는 마음이 오락가락했다. 엄마는 내가 놀림을 당할까 봐 오지 않는 것이다. 그런 걸 알면서도 자꾸만 다른 엄마들하고 비교를 하면서 나쁜 엄마라고 원망을 하고 싶었다.

'무슨 엄마가 그래? 딸의 운동회날도 오지 않고.'

무용과 단체 경기가 끝이 나고 달리기 경기만 남았다.

달리기를 해서 일등을 놓쳐본 적이 없는 나지만 오늘은 정말 달리기가 싫었다.

아프다고 핑계를 댈까? 화장실에 가서 숨어버릴까? 별의별 생각이 머릿속에서 맴돌았다. 사실은 공부도 못하고 뚜렷하게 잘하는 게 없지만 달리기만큼은 자신이 있었기 때문에 친구들에게 내 실력을 보여주고 싶었다.

"나 혼자 달려서 일등하면 뭐해? 보나마나 탈락하고 말걸."

나는 고민 끝에 선생님께 말씀드렸다.

"선생님, 달리기 안하면 안 돼요? 부모님이 못 오시는데…"

"걱정 마. 내가 엄마가 되어줄게."

선생님이 내 등을 두드려 주시는 바람에 한결 마음이 놓였다.

드디어 우리 반 달리기 차례가 되었다. 선생님의 지시에 따라 출발선 쪽으로 걸어갈 때였다.

수많은 학부모들 틈에 눈에 익은 분홍 스웨터가 얼핏 보였다.

엄마다.

벌써 오셔서 사람들 틈에 숨어서 나를 보고 있었던 것이다. 누구보다도 나를 사랑하시는 엄마가 안 오실 리가 없다고 생각하니 내 마음속에 꽉 차있던 먹구름이 삽시간에 걷히는 느낌이었다.

"엄마."

너무나 반가워서 나도 모르게 큰소리로 엄마를 불렀다.

그러나 분홍 스웨터는 얼른 사람들 뒤로 사라져버렸다.

그제야 나는 친구들이 알아차릴까 봐 얼른 돌아다보았다. 하지만 친구들은 아무도 나에게 관심이 없었다.

드디어 달리기가 시작이 되었다. 첫 번째 조가 출발하였다. 결승선 가까운 곳에 부모님들이 나와서 기다리고 있다가 아이와 다리를 한 쪽씩 묶고 발을 맞추며 달렸다. 내 짝꿍인 유미도 덩치가 큰 엄마에게 매미처럼 붙어서 뛰어갔다.

엄마는 뚱뚱한 아줌마 뒤편에 숨어서 나를 바라보고 있었다. 나와 마주친 엄마의 눈은 이렇게 말하는 것 같았다.

'모른 체해. 친구들이 보잖아.'

그러나 나는 마치 나를 놀려대는 아이들이 내 눈앞에 있기라도 한 것처럼 마음속으로 소리쳤다.

'놀릴 테면 놀려봐. 그래, 난 백설 공주야. 어쩔래?'

짝꿍인 순주가 한참 생각에 잠긴 내 팔을 잡아끌었다.

"너 뭐하니? 우리 차례란 말이야."

"응? 응, 그래. 그래."

엄마하고는 비교할 수도 없이 키가 큰 엄마들이 달릴 준비를 하고 자기 딸을 기다리며 서 있었다. 엄마 대신 나간 선생님도 나를 기다리고 계셨다.

출발을 담당하신 남자 선생님이 손을 높이 들어올렸다.

차려. 탕.

신호총 소리가 나자 아이들은 모두 엄마를 향해 쏜살같이 달려 나갔다. 나 역시 결승선을 향해 코뿔소처럼 돌진하고 싶었다.

그러나 머릿속에서는 엄마에 대한 생각이 빙글빙글 맴돌았고 눈앞에는 여전히 숨어버린 분홍 스웨터만 어른거렸다.

"하나 둘, 하나 둘."

선생님이 구령을 붙이며 발을 맞추라고 했지만 다리에 힘은 점점 떨어지고 자꾸만 헛발이 나가서 도저히 발을 맞출 수가 없었다. 불과 십여 미터쯤밖에 안 되는 결승선이 참 아득하고 멀게 느껴졌다.

꼴등으로 들어온 나는 운동회가 어떻게 끝났는지 모를 정도로 분홍 스웨터 생각만 했다.

눈물이 핑 돌았다. 키 작은 엄마가 창피하다고 생각했던 것이 부끄럽고 자꾸 죄송한 마음이 들었다.

집으로 들어오는 길에 문득 어렸을 때 일이 떠올랐다. 아기 때 자주 아파서 열이 펄펄 나는 나를 업고 병원에 가던 이야기를 들었을 때 궁금해서 이렇게 여쭈어보았다.

"엄마도 남들처럼 아기를 업을 수 있어요?"

"그럼. 우리 공주님은 엄마가 업어서 키웠지."

"에이, 거짓말. 이렇게 쬐끄만 엄마가 어떻게 아기를 업어요?"

"나나야. 엄마 속에는 힘센 거인이 살고 있단다."

그때 엄마는 이런 말도 덧붙였다.

"엄마는 마음의 힘이 아주 세다니까."

그때 엄마는 웃으면서 그렇게 말했지만 유치원 아이만 한 엄마가 아기를 업은 모습이 잘 상상이 되지 않았다. 그렇게 작은 몸으로 아기를 업는 건 너무나 힘이 들었을 것이지만 그래도 엄마가 다른 엄마들처럼 나를 업고 안으며 키운 것은 분명한 사실이다.

그때는 몰랐지만 오늘은 엄마 속에 산다는 거인이 무엇인지 알 수 있을 것 같았다. 그건 아마도 나를 사랑하는 마음일 것이다.

집으로 돌아오자 마당에서 나를 기다리는 엄마 앞에 무조건 등을 내밀었다.

"애가 왜 이래."

"그냥. 오늘은 내가 엄마를 업고 싶어. 내 부탁 안 들어주면 화낼 거야. 운동회에 안 왔다고."

나는 싫다는 엄마를 부득부득 업고 마당을 한 바퀴 돌았다.

안 울려고 했는데 눈물이 났다. 덩달아서 콧물까지 나와서 나도 몰래 흐르륵 소리를 내고 말았다.

엄마도 아무 말도 하지 않았다. 말 대신 내 목덜미에 눈물방울을 뚝 떨어뜨렸다.

"아이들이 뭐라 하지?"

"아냐. 아무도 뭐라 안 했어. 근데 할 테면 하라지 뭐. 엄마가 죄 지은 것 있어? 다시는 숨지 마."

이젠 아무것도 두렵지 않았다.

엄마 속에 사는 거인이 무엇인지를 확실하게 알아버렸으니까.

나도 마음의 힘이 센 딸이 될 것이다. 나는 누구보다 더 많은 엄마의 사랑을 먹고 자란 딸이기 때문이다. 누가 뭐라고 놀리면 이렇게 소리칠 것이다.

그래. 우리 엄마는 아주 작은 사람이야. 어쩔래?

태풍이
불어오던 날

—

박재형

- 1983년 《아동문예》 신인문학상 동화 당선.
- 계몽아동문학상, 제주문학상 수상.
- 저서 《내 친구 삼례》, 《검둥이를 찾아서》, 《까마귀 오서
  방》, 《다랑쉬 오름의 슬픈 노래》, 《이여도로 간 해녀》.
- 현재 제주펜클럽 회장.

태풍이 불어오던 날

초여름 날씨가 후덥지근합니다. 바닷바람이 불어와도 땀이 줄 줄 흘러내립니다. 울타리에 심어놓은 후박나무랑 동백나무에서 햇 빛이 하얗게 부서집니다.

나래는 책을 읽다가 너무 더워 밖으로 나왔습니다. 나무 그늘에 앉아 하늘을 봅니다. 멀리 한라산 위 파란 하늘에 구름이 둥실둥실 떠갑니다. 구름은 친구가 있어 좋겠습니다. 구름을 보면서 서울 친 구들 얼굴이 떠오릅니다. 보고 싶지만 너무 멀리 있습니다.

서울에서 살던 나래네는 제주도로 이사를 왔습니다.

"우리 제주도에 가서 살자. 공기도 좋고, 경치도 아름답고."

아빠가 복잡한 서울 생활이 싫다며 아름다운 제주도에 가서 살 자고 했습니다. 새벽에 출근해서 밤늦게 돌아오는 회사를 이젠 그 만 다니고 싶다고 했습니다. 아니, 그보다는 회사에서 밀려났습니 다. 회사가 어렵다고 나이 많은 직원을 내보냈습니다.

"난 싫은데. 친구들과 헤어지기 싫어요."

나래는 반대를 했습니다. 낯선 아이들을 새로 사귀는 게 두려웠습니다.

"새로 사귀면 되지. 네가 가면 서울 친구 왔다고 아이들이 좋아할걸."

아빠는 제주에만 가면 친구를 뚝딱 사귀는 줄 알았습니다.

나래랑 하늘이는 할 수 없이 아빠를 따라왔습니다. 여행을 왔을 때 보았던 제주도는 정말 아름다웠습니다. 한라산에서 바다까지. 구경할 게 너무너무 많았습니다. 그래서 마음을 바꿨습니다. 제주에서도 친구로 사귈 수 있을 거라고 생각했습니다.

엄마도 처음에는 반대를 하다가 마음을 돌렸습니다. 동생 하늘이는 아직 어려서 아빠 엄마가 가는 곳이면 어디든 가니까 별 문제가 없었습니다.

나래네는 귤밭을 샀습니다. 아파트를 팔고 저축한 걸 모두 쏟아 부었습니다. 아빠 말로는 은행에서 돈을 많이 빌려 집을 지었다고 했습니다.

"귤을 팔아 원금이랑 이자를 갚고 나면 우리 집이 되는 거야. 아빠가 부지런히 귤 농사를 지을 테니 우리 나래랑 하늘이는 무럭무럭 자라기만 하면 된다."

아빠는 지난 겨울부터 제주도로 나들이를 다니더니 과수원을 사고, 집을 지었습니다.

"요즘은 조립식이라 얼른 집을 짓네."

아빠는 집이 빨리 지어진다고 흐뭇해하였습니다.

이사 오던 날, 제주행 비행기를 타러 가면서 아빠는 신이 난 아이처럼 말했습니다.

　"옛날에는 귤나무를 대학나무라고 했대. 귤을 팔면 잘 살게 될
　거야."

　"그럼, 우리 부자 되는 거야?"

　하늘이가 싱글벙글 웃는 아빠를 보고 말했습니다.

　"그렇지. 귤 농사를 지어 부자가 되어야지."

　아빠는 엄마 얼굴을 보면서 말했습니다. 엄마도 아빠를 보며 활
짝 웃었습니다.

　집도 마음에 들었습니다. 서양식으로 지어 인형의 집 같습니다.
과수원에 있는 집이라 귤밭이 정원이고 마당입니다. 아빠가 예쁘
게 꽃밭을 만들어 집이 더 환하게 보입니다. 아침이면 직박구리가
요란스럽게 울어 잠을 깨워줍니다. 골목길을 조금만 걸어가면 예
쁜 바다가 있습니다. 용암이 흘러내려 만들어졌다는 검은 바위와
파란 바닷물이 풍경화를 그려놓아 바라보기만 해도 좋습니다. 마
을 안에 있는 집들은 슬레이트 지붕을 이고 있는 작고 낮은 집이
대부분입니다. 그래서 새집은 더 아름답게 보였습니다.

　"나래야, 하늘아, 이사 오길 잘 했지? 저 푸른 바닷가에 그림 같
　은 집을 짓고 사랑하는 우리 딸들과 한 백년 살고 싶어."

　아빠가 제주로 오길 잘했다고 자주 노래를 불렀습니다.

　아빠는 정원 한 귀퉁이에 삽질로 땅을 파서 채소를 심었습니다.
상추랑 부추, 고추, 호박도 심었는데 아주 잘 자랐습니다. 뜨거운
햇볕과 바람이 잘 길러주었습니다. 엄마가 정성껏 거름을 주고, 잡
초를 매주기는 했습니다.

아빠는 귀농 귀촌한 사람들에게 감귤농사를 짓는 법을 가르쳐 주는 교육을 일주일이나 받았습니다.

"이젠 귤 농사짓는 건 다 알아. 농약 치는 거, 거름 주는 걸 배웠 거든. 다음에는 전정하는 것도 가르쳐준대."

아빠는 이제 농사꾼이 다 된 것처럼 좋아했습니다. 교육을 받았으니 귤을 재배하는 건 식은 죽 먹기라고 말했습니다.

"나래야, 하늘아, 가을이 되면 이 귤밭에 노란 귤이 주렁주렁 매달릴 거야. 그럼 너희들도 같이 따야 한다."

"알았어요. 저희들도 딸게요."

아빠가 싱글벙글 웃으며 계란만 한 초록색 귤을 가리켰습니다. 나래도 하늘이도 노란 귤을 딸 생각을 하면서 웃었습니다.

"서울을 떠나오길 정말 잘했어. 내가 한 선택 중에서 최고야."

아빠는 귤밭을 보며 좋아했습니다. 농약을 치고 거름을 주고, 김 매는 일은 힘들었지만 노랗게 익을 귤을 생각하니 힘든 줄 몰랐습니다. 그래서 아빠의 얼굴이 활짝 폈습니다.

"난 친구들도 못 만나고, 친정에도 못 가니 좀 그래."

엄마는 서울 생각이 나는지 가끔씩은 슬픈 표정을 지었지만 아빠랑 나래네가 행복해하니까 속으로 삭였습니다.

"엄마, 방학에는 할머니랑 이모네도 놀러오라고 해."

나래는 예쁜 집을 친척들에게 보여주고 싶습니다. 서울 친구들에게도 보여주고 싶었습니다.

학교도 마음에 들었습니다. 울타리에 상록수가 성처럼 자라는 아름다운 학교였습니다. 운동장도 서울 학교는 마사토를 깔아 먼지가 날렸지만 잔디를 심어 축구경기장을 닮았습니다. 서울과 다른 것은 많았지만 그중에서 제일 차이가 나는 건 한 반에 아이들이 열 명이 안 된다는 겁니다. 젊은이들이 모두 도시로 이사를 가고 마을에는 부모랑 사는 아이보다 할아버지 할머니랑 사는 아이가 더 많습니다. 아빠 엄마가 이혼을 해서 할아버지 댁에서 산다는 겁니다. 그렇지만 아이들은 명랑하고 잘 놀았습니다. 남자아이나 여자아이나 축구를 잘 합니다. 체육시간이면 다섯 명씩 나누어 축구를 합니다. 가끔은 선생님도 같이 운동장을 달립니다.

나래는 달리기를 잘 하지 못합니다. 그래서 축구를 좋아하지 않습니다.

"넌 골키퍼를 해."

전학 온 뒷날, 한 남자아이가 나래에게 명령조로 말했습니다.

나래는 하는 수 없이 골대 앞에 섰습니다. 아이들이 찬 공은 나래가 잡기도 전에 골문 안으로 들어가 버렸습니다. 도저히 무서워서 공을 잡을 수 없습니다.

"에이, 서울서 왔다더니 바보가 왔네."

남자아이들은 축구를 못하면 바보 취급을 합니다.

여자아이들도 같이 어울리기가 힘듭니다. 그래서 나래는 책을 읽습니다. 학교도서관에 책이 많아 책은 얼마든지 읽을 수 있습니다.

"잘 됐네. 책을 읽는 게 실력을 기르는 거야."

엄마는 친구들과 놀지 말고 부지런히 책을 읽으라고 합니다.

하늘이는 1학년이라 아이들이랑 잘 노는 듯합니다.

이장님이 집으로 찾아왔습니다.

"서울양반, 마을회관에서 노인잔치가 있는데 와서 음식도 먹고 친구도 사귀고 하세요."

"예, 알았습니다. 이따가 시간이 나면 갈게요."

아빠는 공손히 인사를 했습니다. 그러나 마을회관에 가지 않았습니다.

"아빠, 마을회관에 안 가요?"

나들이 준비를 하지 않는 아빠를 보면서 나래가 물었습니다.

"응, 바빠서. 난 마을 사람들이랑 어울리는 게 좀 어색하네."

"왜? 한번 가보세요."

"사람들을 알아두면 자꾸 찾아올 테고, 귀찮은 일이 생길 것 같아서."

아빠는 혼자 조용히 지내는 것을 좋아합니다. 음악을 듣거나 책을 읽거나. 친구들과 어울리는 건 좋아하지만 낯선 사람들과는 어울려 지내는 걸 꺼립니다.

나래는 아빠의 마음을 이해할 수 있습니다. 나래도 낯선 친구들과는 사귀기가 어려우니까요.

'난 서울에서 살다가 왔으니까 여기 아이들이랑 같을 수가 없지. 아빠도 그럴 거야.'

나래는 아빠 편을 들기로 했습니다.

청년회장, 부녀회장도 다녀갔습니다. 이사를 와서 인사를 왔다는 겁니다.

"반갑습니다. 이젠 한 마을 사람이 되었네요. 불편한 것이 있으면 얘기하세요. 저희가 도와드릴게요."

"이웃사촌이 제일 아니겠어요? 어려운 일이 생기면 말씀하세
요."

청년회장과 부녀회장은 나래네가 이사를 온 것을 반가워했습니
다.

"알았어요. 아직은 없지만 힘든 일이 생기면 부탁드릴게요. 도
와주세요."

엄마가 웃으며 말했습니다. 엄마도 한 마을에서 살게 되어 기쁘
다고 말했습니다. 그러나 그 후에도 아빠 엄마는 마을로 나들이를
가지 않았습니다. 아빠나 엄마는 마을 사람들과 어울리기는 싫어
하는 모양입니다.

귤밭에 일이 없을 때는 서울에서처럼 자동차를 타고 제주시나
서귀포로 구경을 가고 이따금씩 올레길도 가고, 숲길도 걸었지만
언제나 가족들과만 갔습니다. 그래서 나래와 하늘이는 늘 같이 놀
아주는 아빠 엄마가 최고라고 생각했습니다. 마을 사람들과 어울
리지 않아도, 아이들과 친구를 먹지 않아도 된다고 생각했습니다.

봄에 이사를 왔는데 벌써 여름이 지나갑니다. 그새 귤이 많이 자
랐습니다. 귤이 계란보다 더 커졌습니다. 이제 가을이 깊어지기만
하면 귤밭은 노란 물감으로 칠한 것처럼 잘 익은 귤이 가득할 것입
니다. 점점 자라는 귤을 보면서 모두들 좋아했습니다.

"이젠 귤이 익기만 하면 된다. 귤을 팔아 빚도 갚고, 우리 나래
하늘이 갖고 싶어하는 것도 사주고."

"난 귤을 팔면 외국여행이나 갔으면 좋겠다."

엄마도 귤이 익기를 기다리며 좋아했습니다.

방학이 끝나가는 날이었습니다. 태풍이 올라오고 있다는 일기예보 방송이 나왔습니다. 태풍은 필리핀 동쪽 태평양에서 발생해 오키나와를 거쳐 우리나라로 올라온다고 하면서 중형태풍이라고 했습니다.

"아빠, 괜찮을까요? 태풍이니까 바람이 셀 것 같은데요."

"태풍이 올라오면 곤란하긴 하지. 그렇지만 우리 집은 괜찮을 거야. 새집이잖아."

아빠도 불안한 눈치였지만 애써 웃음을 띠었습니다.

태풍이 올라온다는 보도에도 나뭇잎 하나 흔들리지 않고 해님은 하늘에서 웃고 있었습니다.

"이렇게 날씨가 좋은데 태풍이 정말 올라올까요?"

엄마는 태풍이 무섭지 않은 모양입니다.

"엄마, 태풍이 불면 우리 집 날아가?"

하늘이도 텔레비전을 보면서 불안한지 물었습니다.

"아니야. 우리 집이 얼마나 튼튼한데. 우리 하늘이 걱정 말고 피아노나 치렴."

엄마는 태풍보다 하늘이가 피아노 치는 걸 싫어하는 게 더 걱정되었습니다.

저녁이 되자 바람이 조금씩 불더니 차차 세어졌습니다. 살살 흔들리던 나뭇잎이 그네를 타는 듯이 마구 흔들렸습니다. 비도 내리기 시작했습니다. 새벽에 태풍이 제주도를 지나간다고 일기예보를 하는 기자는 비를 맞으며 큰 목소리로 보도를 했습니다. 집에서 멀지 않은 바닷가에서 파도 소리가 들려옵니다. 큰 파도가 달려와 바위와 부딪혀 솟아올랐습니다. 파도는 바위를 깨트릴 기세입니다.

밤이 깊어지면서 바람은 더욱 힘이 강해졌습니다. 바람이 나뭇가지를 마구마구 흔들었습니다. "우지끈 뚝!" 나뭇가지 부러지는 소리가 들려옵니다.

"너희들은 먼저 자라. 아침에 일어나면 태풍이 지나갈 거야."

엄마는 서둘러 나래와 하늘이를 재웠습니다.

나래는 한밤중에 일어났습니다. 바람이 방 안까지 들어왔습니다.

아빠와 엄마 고함소리가 들려왔습니다.

"나래 엄마! 조심해! 꼭 잡아!"

"알았어요! 당신도 조심해요! 큰일 났네."

나래가 눈을 떠보니 아빠와 엄마가 창문을 붙잡고 있었습니다. 태풍이 유리창을 부쉈습니다. 깨진 창문으로 바람이 제멋대로 들어와 방 안을 마구마구 휘젓고 다닙니다. 엄마가 만든 예쁜 커튼이 제멋대로 방 안을 휘젓습니다. 유리파편이 방바닥에 깔려 있었습니다.

엄마랑 아빠는 허둥지둥 태풍을 막아내려 애를 쓰지만 태풍은 심술쟁이처럼 집 안으로 들어와 마구 헤집으며 돌아다녔습니다. 바람은 손에 붙잡힌 것을 모두 날려버리려는 듯 가만히 있지 않았습니다. 세차게 내리던 비도 바람을 타고 집 안으로 발을 들이밀었습니다. 방이랑 거실에 빗물이 질펀합니다.

"엄마, 무서워!"

하늘이가 울면서 매달립니다.

"저리 가 있어! 다친다! 빨리 언니랑 침대에 들어가 있어."

엄마의 다급한 목소리가 바람을 뚫고 날아옵니다. 엄마의 목소리가 바람에 날려가지 않은 게 다행입니다. 나래와 하늘이는 침대 속에서 떨다가 잠이 들었습니다.

새벽이 되면서 바람이 잦아들었습니다. 나무를 붙잡고 흔들던 바람의 힘이 차차 빠졌습니다. 하늘은 여전히 비구름을 띄우고 빗방울을 떨구고 있지만 차차 가늘어지고 있었습니다. 아침이 밝아오자 사나운 말처럼 세상을 들쑤시던 바람은 슬그머니 자취를 감추고 사라졌습니다.

아빠랑 엄마는 잠도 자지 못하고 태풍을 막아냈습니다. 집 안은 온통 수건이랑 옷투성이입니다. 빗물을 닦아내기 위해 총출동했습니다. 유리창에는 창고에 있던 판자가 덧붙여져 있었습니다. 굵은 못이 비죽비죽 나왔습니다. 아빠가 급히 망치질을 한 탓입니다. 지붕을 덮은 기와가 바람을 타고 멀리 날아갔습니다.

나래는 밖으로 나갔습니다. 현관문을 열고 나가자 꺾인 귤나무 가지가 보였습니다. 귤나무 아래 밭은 온통 초록색입니다. 나무에 매달렸던 귤을 바람이 떨구고 갔습니다. 바람은 제멋대로 귤을 따서 내팽개치고 도망갔습니다.

"아빠, 어떻게 해? 우린 이제 어떻게 살아? 귤이 모두 떨어졌어."

"괜찮아. 우리 나래랑 하늘이만 다치지 않으면."

아빠가 나래랑 하늘이를 꼬옥 안아주었습니다. 아빠 가슴에 빗

물이 가득 차 있을 겁니다. 눈물이 되어 흘러내릴지도 모릅니다. 그렇지만 아빠는 울음을 참고 있었습니다. 애써 가꾼 귤이 떨어져 버려 이제 빚을 갚을 수도, 나래 하늘이에게 예쁜 옷을 사줄 수 없습니다. 엄마랑 여행을 갈 수도 없습니다.

바람이 할퀸 집과 귤밭이 엉망이 되어 어느 것부터 손을 댈지 몰라 아빠는 마당에 있는 돌의자에 멍하니 앉아 있었습니다.

이장님이 나타났습니다. 잠시 후에는 마을 사람들도 나타났습니다.

이장님이 창문을 보면서 말했습니다.

"어디 다친 곳은 없어요? 그나마 다행이에요. 크게 부서지진 않았네요. 유리가게에 연락을 하면 금방 달려올 거예요. 지붕도 고치셔야겠네요."

"귤이 많이 떨어졌지만 내년에는 귤이 더 달릴 거예요. 태풍으로 귤이 많이 떨어져서 귤값이 오르면 수입이 좋아질지도 몰라요."

"귤나무 가지가 꺾인 건 천천히 전정을 하면 됩니다. 제가 가르쳐 드릴게요."

부녀회원들이 귤밭을 보면서 위로해주었습니다.

마을 사람들 과수원도 피해를 입었을 텐데 나래네 집을 둘러보며 위로를 해주었습니다. 부녀회장님이랑 아주머니들이 일손을 거들어주어 난장판이었던 집이 금세 정리되었습니다.

"고맙습니다. 고맙습니다."

아빠가 동네 사람들에게 큰절을 했습니다.

"죄송해요. 저희가 인사도 제대로 드리지 못했는데."

"나래네가 우리 동네에 이사를 온 것만 해도 좋은걸요. 이웃사
촌이 되어 삽시다. 서로 도와가면서 사는 거지요."

부녀회장님이 엄마의 손을 잡으며 말했습니다.

나래네 집에 모인 사람들의 얼굴에 웃음이 번집니다. 하늘에 뜬
해님보다 더 밝은 얼굴입니다.

햇살 비
내리는 오후

—

장수명

'새벗문학상'을 수상하였으며, 작품집으로 《똥돼지》, 《내 이름은 아임쏘리》, 《도깨비 대장이 된 훈장님》, 《고래나라》 외 30권이 있다.
현재 한국문인협회, 제주아동문학협회, 국제펜클럽 등 다수의 단체에서 활동하고 있으며 한라일보 칼럼리스트이다.

햇살 비 내리는 오후

1. 쌍둥이

'이런이런, 이 식을 줄 모르는 인기라니, 아이쿠!'

완이와 판이가 와락 달려들어 움켜잡는다.

'아이고 숨 막혀!'

이미 두 장난꾸러기 녀석들 손에 잡힌 이상 어쩔 도리가 없다. 빨리 녀석들에게서 벗어날 수 있길 기도하는 수밖에. 달리 뾰족한 수는 없다.

"여보세요?"

"자장면 한 그릇요."

"이리 내! 이리 줘~오~!"

"싫어, 이건 내 전화기야!"

'아이고오~.'

완이와 판이가 전화기를 안고 서로 자기가 먼저 맡았다며 뒤엉

키어서 옴팡진 주먹질을 서로에게 날린다.

"아빠 오면 다 일러바칠 거야. 매일 장난 전화 건다고……"

"그래, 일러 일러바아~"

"뚜뚜뚜~"

그 바람에 바닥으로 툭 떨어진 수화기 안에서 경고음이 울리지만 두 사고뭉치들은 아는 체도 않는다. 그야말로 집 안은 난장판이 되었다.

'이 사고뭉치들, 어서 나 좀 제자리로 올려줘~오~!'

처음 겪는 일도 아니건만 번번이 나는 저 쌍둥이 녀석들 때문에 견딜 수 없는 지경에까지 이르고 만다.

꽤 시간이 지났다. 정신없이 아귀다툼을 벌이던 녀석들도 이제는 진정이 되었는지, 아니면 지쳐버렸는지 조용하다.

"완아, 배고프지?"

"으응, 아까부터 계속 꼬르륵 꼬르륵 소리가 나. 여기서."

완이가 윗옷을 걷고 볼록 튀어나온 제 참외배꼽을 손가락으로 꾸욱 누르며 대답했다.

"아빠가 오시려면 아직 멀었는데."

"……"

완이가 베란다 창으로 길게 들어오는 햇살을 손가리개로 가리며 미간을 찌푸린다. 눈부신 햇살에 얼굴을 잔뜩 찡그리던 판이가 벌떡 일어나 다용도실 문을 열더니 구석구석 헤집는다.

"뭐해?"

판이를 따라 쪼르르 달려 온 완이가 고개를 쭈욱 빼며 묻는다.

"찾았다!"

판이 손에 라면 봉지 하나가 대롱대롱 매달려 그네를 탄다.

"그거 하나뿐이야? 비켜봐!"

완이가 판이의 어깨를 제 앞으로 잡아당기며 삐집고 들어선다.

"내가 찾아줄게. 가만히 있어 봐."

판이가 몸을 흔들어 보지만 완이는 어느새 판이 자리를 꿰찼다.

"천천히 잘 찾아봐!"

판이는 라면 봉지를 꽉 움켜잡고 다용실을 빠져나왔다.

완이와 판이는 일곱 살 동갑, 3분 간격의 쌍둥이 형제다. 완이가 판이보다 3분 일찍 나왔다. 아빠·엄마가 완이에게 형이라고 부르라고 시켜도 판이는 완이한테 절대 형이라고 부르지 않겠단다.

"나도 찾았다."

완이가 라면 봉지 하나를 들고 소리소리 지르며 달려 나왔다.

완이와 판이는 언제 주먹질을 하며 싸웠냐는 듯이 햇살이 길게 들어앉은 베란다 유리창문에 라면 봉지를 뜯고 나란히 기대앉는다.

"오도독, 오도독"

두 개구쟁이 녀석들 입에서 생라면 씹는 소리가 오래도록 새어 나왔다. 녀석들 정말 배가 많이 고팠나 보다. 정신없이 라면을 씹더니 어느새 조용해졌다. 유리창문 밑으로 스르르 작은 몸이 구겨지듯 뉘어지더니 새근새근 코를 골며 잠에 빠지고 말았다.

라면 봉지며, 빨간 스프까지 쳐서 먹던 완이 덕에 거실 바닥에도 라면 스프 가루가 떨어져 눅눅히 녹고 있었다. 입 주위에 불그

스레한 라면 스프 가루를 잔뜩 묻힌 채 완이가 곯아떨어져 잠꼬대까지 한다.

"엄마, 빠리~와아~"

깊이 잠에 빠진 아이들 사이로 어느새 검은 그림자를 드리운 어둠이 삐적삐적 찾아들고 있었다.

2. 엄마가 없다

완이와 판이 엄마 희가 갑자기 사라진 지 사흘째다.

아이들을 두고는 아무리 중요한 약속이 생겨도 아이들보다 더 중요한 일이란 없다며 외출도 한 번 마음대로 하지 않던 희였는데 도대체 어떻게 된 일인지, 아무런 말도 없이 집을 나가버렸다.

"예에……"

아빠의 손이 전화기에서 미끄러져 바닥으로 툭 떨어진다. 그 바람에 전화기 곁에 있던 엄마 희의 손전화기가 바닥으로 내동댕이쳐졌다.

"도대체 어디로 간 게야."

물을 잔뜩 빨아들인 스펀지처럼 아빠의 목소리는 무거운 소리를 냈다.

"때릉."

폴더 음이 짙게 들어앉아 뭉그적거리던 어둠을 걷어내며 아빠를 반긴다. 완이와 판이 그리고 아내 희의 얼굴이 화면 가득 나타났다.

"희야, 도대체 어디 간 거야? 무슨 일이 생긴 건 아니지?"

카메라 그림을 꾹 누르자, 화면이 뱅그르르 돌더니 사진들이 떴다. 아빠 김 박사는 한참 동안 이곳저곳을 클릭해서 들여다보더니 전화기를 바닥에 내려놓는다.

"생일 축하합니다. 생일 축하합니다! 사랑하는 우리 완판이 생
    일 축하합니다~!"

고깔모자를 쓰고 활짝 웃고 있는 완이와 판이 얼굴이다.

'친구라고 했는데……'

나는 아빠 김 박사의 안절부절못하는 모습을 보자 몹시 미안했다. 그날, 전화를 받지 않았다면, 전화가 연결되지만 않았더라면……, 엄마 희가 갑자기 사라지지는 않았을 텐데.

3. 그날

"……여보세요……이정희 씨……?"

"……누구……경수……, 아, 경수~!"

엄마 희는 중학교 때부터 대학까지 함께 다녔던 단짝친구 경수 전화를 받았다. 대학을 졸업하고, 결혼을 하고 처음으로.

"니, 정말 경수 맞나?"

"그래……. 나 경수야."

"우리 당장 만나자! 정말 나 너 봐야 돼!"

엄마 희는 아주 오랜만에 화장대에 앉아 화장을 했다. 눈에 선을 그리는 아이라인을 하는데 손이 자꾸 떨려서 윗눈꺼풀에 까맣게 화장품이 묻는다.

"안 되겠다."

완이와 판이가 아기 때 쓰던 보드라운 가제손수건으로 화장을 모두 지운 엄마는 입술만 살구빛이 도는 연분홍색으로 살짝 바르고 집을 나섰다.

노랗게 물들어가는 은행잎이 눈에 들어왔다.

"벌써, 가을이네."

노랗게 물든 은행나무 잎 사이사이로 따가운 가을 햇살이 퍼즐처럼 들어차 있었다.

"가을……, 가을 햇살 비 내리는 오후로구나……."

엄마 희는 혼잣말을 중얼거리며 잰걸음으로 버스정류장으로 갔다. 버스에 올라앉아 무심히 창밖을 내다보던 엄마는 갑자기 불에 덴 듯이 화들짝 놀란다.

"아이, 얘들한테 쪽지도 하나 안 남겼네. 손전화기도 안 가져오고……."

순간 가슴이 쿵쿵 마구 방망이질을 하기 시작했다. 심장이 엄마 희 몸 밖으로 빠져나와 금방이라도 따로 떨어져 나갈 것만 같았다. 당황스러웠다. 버스에 타고 있는 사람들 모두가 엄마 희만 보는 것 같았다.

"후욱후욱~!"

심호흡을 한참 동안 하며 마음을 가라앉힌 엄마 희 얼굴로 알

듯 말 듯 한 엷은 미소가 살풋 앉았다 걷어진다.

"정말, 니 오늘 집에 안 가도 되나?"

"그래, 집에 안가도 된다 안카나."

엄마 희는 버스에서 내일이 토요일이라는 사실을 깨닫자마자 그동안 하지 못했던 외출을 오랜만에 아주 길게 할 작정이었다.

"이 가시나야, 진짜 니……."

"미안타. 그때는……."

엄마 희와 친구 경수는 억새가 하얗게 흔들어대는 밤하늘을 올려다보며 그동안 하지 못했던 이야기와 그간의 사정을 콩꼬투리에서 콩알을 빼듯 낱낱이 쏟아내고 있었다.

4. 햇살 비가 내리는 오후

"완, 판아!"

"엄마아~!"

완이와 판이가 엄마 희의 품으로 와락 달려들었다.

따뜻한 완이 판이의 체온이 엄마의 볼을 타고 심장 깊숙이 파고들어 채워진다.

'미안'

"엄마, 어디 갔었어?"

"엄마, 없어서 죽는 줄 알았단 말이야~!"

"엄마, 다시는 혼자 가지마아~!"

"엄마, 미워!"

희의 품에 얼굴을 묻은 채, 두 쌍둥이 녀석들은 숨 가쁘도록 말을 쏟아내고 있었다.

햇살 비 내리는 일요일 오후에 엄마 희는 집으로 돌아왔다.

아빠 김 박사가 두 쌍둥이를 보듬고 있는 엄마 희의 손을 두껍고 따뜻한 손으로 덮어주었다.

'놀랐잖아. 잘 쉬다가 온 거야?'

'응, 고마워.'

광선 같은 햇살 비가 완이 판이 얼굴 위로 쏟아져 내렸다.

루루의 유리구슬

2018년 7월 6일 초판 1쇄 발행

엮은이   제주아동문학협회
회장   고운진

펴낸이   김영훈
편집   김지희
그림   한항선
디자인   나무늘보
펴낸곳   도서출판 한그루
         출판등록 제651-2008-000003호
         63256 제주특별자치도 제주시 천수동로2길 23
         전화 064 723 7580 전송 064 753 7580
         전자우편 onetreebook@daum.net 누리방 onetreebook.com

ISBN 978-89-94474-61-8 73810

ⓒ 제주아동문학협회, 2018.

이 도서의 국립중앙도서관 출판예정도서목록(CIP)은
서지정보유통지원시스템 홈페이지(http://seoji.nl.go.kr)와
국가자료공동목록시스템(http://www.nl.go.kr/kolisnet)에서 이용하실 수 있습니다.
(CIP제어번호: CIP2018020150)

값 12,000원